KB091720

P 처음 만나는
파이썬
ython

처음 만나는 **파이썬**

초판 1쇄 발행 2017년 3월 30일 **3쇄 발행** 2018년 3월 31일

지은이 가마타 마사히로
옮긴이 이동규
펴낸이 장성두
펴낸곳 제이펍

출판신고 2009년 11월 10일 제406-2009-000087호
주소 경기도 파주시 회동길 159 3층 3-B호
전화 070-8201-9010 / **팩스** 02-6280-0405
홈페이지 www.jpub.kr / **원고투고** jeipub@gmail.com
독자문의 readers.jpub@gmail.com / **교재문의** jeipubmarketer@gmail.com

편집부 이종무, 황혜나, 최병찬, 이 슬, 이주원 / **소통·기획팀** 민지환, 송찬수 / **회계팀** 김유미
교정·교열 배규호 / **본문디자인** 황혜나 / **표지디자인** 미디어픽스
용지 신승지류유통 / **인쇄** 한길프린테크 / **제본** 광우제책사

ISBN 979-11-85890-81-4 (93000)
값 22,000원

제이펍은 독자 여러분의 아이디어와 원고 투고를 기다리고 있습니다. 책으로 펴내고자 하는 아이디어나 원고가 있는
분께서는 책의 간단한 개요와 차례, 구성과 저(역)자 약력 등을 메일로 보내주세요.   **jeipub@gmail.com**

처음 만나는 **파이썬**

Python

가마타 마사히로 지음 | **이동규** 옮김

제이펍

차례

Chapter 1 파이썬 소개

Chapter 2 파이썬 프로그래밍 시작하기

^{Chapter}
3 **프로그래밍의 기본편: 구조적 프로그래밍**

Chapter 4 프로그래밍의 응용편: 효율적 프로그래밍

Chapter 5 프로그램에서 파일 읽고 쓰기

Chapter 6 다양한 기능 추가

옮긴이 머리말

파이썬은 비전공자들도 비교적 쉽게 익힐 수 있는 프로그래밍 언어입니다. 배우기가 쉬운 반면에 마스터했을 경우 얻을 수 있는 과실이 너무 달콤합니다. 전 세계적으로 많은 사람이 달콤한 라이브러리를 개발하여 공개하고 있고, 우리는 그것을 활용하여 빠르고 쉽게 원하는 기능을 구현할 수 있기 때문입니다. 데이터 분석 분야에서는 이미 대세로 자리 잡은 언어이기도 합니다.

그런데 쉽다고는 하지만 실제 비전공자들이 프로그래밍 언어를 공부하다 보면 막힐 수 있는 암초가 많이 존재합니다. 저도 일반인들에게 프로그래밍을 가르쳐 본 적이 있는데, 생각지도 못한 부분에서 막혀 고생하다가 포기하는 사례를 많이 봤습니다. 현직 개발자들에게는 너무 당연한 사실이, 입문자에게는 몇 시간을 헤매게 하는 새롭고 어려운 내용인 경우가 많습니다.

제가 대학교에서 컴퓨터를 공부할 때 이런 얘기를 우스갯소리처럼 많이 들었습니다. 바로 "삽질을 통해 실력이 향상된다"라는 말입니다. 하지만 지금 생각해 보면 불필요한 삽질은 최소화하는 것이 좋습니다. 문제에 봉착했을 때 스스로 고민하고 전전긍긍하는 시간은 필수이지만, 정확한 개념과 지식 없이 헤매는 것은 그저 블랙홀에 빠진 것에 불과합니다. 시간도 낭비되고, 실력도 늘지 않습니다. 따라서 프로그래밍을 배우고 싶다면 정확한 지식과 개념을 쉽고 친절하게 알려 주는 책이나 선배를 만나는 것이 중요합니다. 때로는 책 한 권과의 만남이 몇십 시간의 낭비를 줄여 주곤 합니다.

이 책은 혀를 내두를 정도로 친절합니다. 설치 방법부터 시작해서 중요한 프로그래밍의 개념들을 이해하기 쉽게 일상의 비유로 설명하고 있습니다. 프로그래밍을 처음 접하는 사람, 심지어 컴맹이라도 공부해 나갈 수 있지 않을까 하는 생각이 들 정도입니다. 그렇다고 이 책에서 다루는 내용이 겉핥기식이거나 얕은 수준만 다루는 것은 아닙니다. 기본적인 문법부터 객체지향,

예외 처리, 웹 스크래핑, GUI 프로그래밍까지 다루고 있습니다. 입문자뿐만 아니라 프로그래밍과 관련한 여러 개념이 아직 엉성한 초보 개발자들도 이 책을 통해 파이썬과 프로그래밍의 기본을 튼튼하게 다질 수 있으리라 봅니다.

프로그래밍이 전문 개발자의 전유물이던 시절에서 누구나 일상에서 요긴하게 활용할 수 있는 시절로 바뀌어 가고 있습니다. 프로그래밍을 배워서 상업용 프로그램을 개발하지는 않더라도, 본인의 업무나 일상을 효율적으로 만들 기회가 많아지게 될 것입니다. 이 책을 통해 프로그래밍의 주요한 개념을 배우고 파이썬이라는 매력적인 언어에 입문하게 되기를 바랍니다.

이동규

머리말

여러분이 프로그래밍에 흥미를 느끼게 된 계기는 무엇입니까? 게임이나 스마트폰 앱, 인터넷 서비스를 직접 만들고 싶어서인가요? 프로그래밍을 잘하는 대단한 사람의 이야기를 들어서인가요? 아니면 학교와 회사에서 자연스럽게 접하게 된 분도 있으리라 생각합니다.

제 경우는 뭔가 큰 계기가 있었던 것은 아니지만, 처음부터 막연히 멋있는 일이라고 동경해 왔습니다. 처음 접한 프로그래밍 언어는 C언어였습니다. 잘 모르면서도 작성한 프로그램이 처음 움직일 때는 무척이나 감동했습니다. 그러나 이후 서서히 프로그래밍에 흥미를 잃었고, 어느 날 보니 프로그래밍을 좋아하지 않는 저를 발견하게 되었습니다. 학생 때는 장래에 프로그래밍과 관계없는 일을 하리라고 생각했을 정도였습니다.

그런 제가 다시 프로그래밍에 매력을 느낀 것은 실제로 사람이 쓰는 시스템을 만들었을 때입니다. 제 손으로 현실 세계에서 의미 있는(필요한) 것을 만들 수 있다는 데서 재미를 느끼게 됐습니다. 재미가 없었다면 현재 엔지니어라는 직업을 가지지도 않았을 것이고, 전혀 다른 인생을 살게 되었으리라 생각합니다. 저는 여전히 그런 즐거움을 느끼고 있어서 아직도 현역 프로그래머로 일하고 있습니다.

이 책은 그런 저 자신의 경험을 바탕으로 이제 막 흥미를 느끼고 프로그래밍을 배우기 시작한 여러분들이 제가 느낀 재미를 맛볼 수 있도록 도와주고 싶은 생각을 담아 집필했습니다. 예제 프로그램도 현실 세계에 있는 시스템을 최대한 반영하여 무엇 때문에 이 기능이 존재하며 어떻게 도움이 되는지를 설명하려고 노력했습니다. 즉, 과거의 저에게 가르치고 싶은 것을 바탕으로 책을 구성했습니다. 부디 가벼운 마음으로 파이썬 프로그래밍을 즐겨 주시기 바랍니다. 그리고 이 책을 덮을 즈음에 프로그래밍의 즐거움과 재미를 조금이라도 느끼게 된다면 필자로서 더 바랄 게 없겠습니다.

감사의 말

책을 끝까지 집필할 수 있었던 것은 지식뿐만 아니라 많은 것을 알려 주고 도와주신 주위의 고마운 분들 덕분입니다. 특히, 본업 이외의 많은 시간을 집필에 사용하여 책을 세상에 낼 수 있었던 것은 아내의 내조 덕분입니다. 진심으로 감사를 표합니다.

가마타 마사히로

베타리더 후기

🦋 김종욱(KAIST)

파이썬을 처음 입문하는 사람들이 읽기에 정말로 좋은 책입니다. 책의 구성은 일반적인 프로그래밍 언어를 설명하는 책들과 비슷하나, 실생활에서 사용할 수 있는 다양한 예제로 프로젝트를 만들어 봄으로써 독자의 이해를 돕고 있습니다. 파이썬 입문자들이 이 책을 처음이나 두 번째 교재로 사용하기에 손색이 없는 훌륭한 구성을 하고 있었으며, 적절한 예제와 실생활에서 사용할 수 있는 프로그램 작성법들을 통해 저 또한 즐겁게 리뷰할 수 있었습니다. 마지막으로, 책의 마무리를 독자가 나름의 GUI 코드를 이용해 실생활에 사용할 수 있는 프로그램을 만드는 내용이 포함되었다는 점이 상당히 마음에 들었습니다.

🦋 김진영(프리랜서 프로그래머)

'2017년, 당신이 배워야 할 언어'에 당당히 이름을 올리고, 페이스북에서도 활발한 커뮤니티를 구성하고 있는 언어, 파이썬! 다른 언어를 접해 보셨던 분이라면 무척 수월하게, 아예 처음 시작하는 분이라도 무난하게 파이썬을 시작할 수 있는 책입니다. 저는 주로 자바를 사용하기에 파이썬은 라이트 유저 정도에서 바라봤는데, 책은 전반적으로 초급자 수준으로 잘 구성되어 있었습니다. 덕분에 가볍게 소설 읽는 느낌으로 진행할 수 있었습니다. 개인적으로는 Django를 통한 파이썬 중급 정도의 학습을 계획하게 된 좋은 계기가 되었습니다.

🦋 박성욱(SKP)

2011년에 파이썬을 만나 'Hello World'를 찍어 보고 오랜 시간이 흘러 다시 라즈베리 파이를 활용한 IoT와 AI를 지향하는 딥러닝 시스템을 화두로 파이썬을 활용하고 있습니다. 프로그래밍을 배우기 위한 첫 언어로 추천받고 있는 파이썬, 그 파이썬을 가장 쉽고 친절하게 배울 수 있게 구성된 것 같습니다. 파이썬에 대한 간단한 설명부터 설치, 실행까지 어렵지 않게 따라갈 수 있고, 입문서의 마무리를 간단한 애플리케이션 개발까지 경험하고 트러블슈팅까지 확인할 수 있어서 입문, 초급 단계에서 활용하기 좋은 기본서입니다. 파이썬을 처음 만나거나 다시 공부하려는 분들에게 추천합니다.

🦋 박재유(KAIST 소프트웨어대학원)

이토록 얇은 책에 기대 이상의 알찬 내용이 담겨 있어서 정말 놀라웠습니다. 단순히 설치 방법이나 문법 설명에 상당한 분량을 낭비하는 다른 책들에 비해, 이 책은 기초 설정에서부터 애플리케이션 제작까지 다양한 내용을 핵심적으로 잘 전달하고 있습니다. 입문자나 비전공자도 쉽게 파이썬 프로그래밍을 접할 수 있도록 견인하는 데 커다란 역할을 할 것이라고 봅니다. 파이썬 관련 내용을 정기적으로 포스팅하는 유명 블로거가 있습니다. 그의 신조는 'Life is too Short, You Need Python!'입니다. 개발자들의 짧은 인생에서 파이썬은 풍부한 라이브러리를 통해 업무의 효율성을 극대화해 주는 효자 언어입니다. 이 책을 통해 효자 언어를 꼭 자신의 것으로 만드시기 바랍니다.

🦋 전찬주(원티드랩)

개인적으로 iOS 책을 제외하고 가장 재미있게 베타리딩한 책이었습니다. 설명을 최대한 쉽게 풀어서 잘 이해할 수 있도록 했고, 예제들도 적절했던 것 같습니다. 마지막에 GUI 부분은 프로그래밍 자체가 처음이라면 조금 어려울 수 있지만, 적절한 도전 과제를 던져 주는 느낌이었습니다. 또한, 기본적인 문법부터 프로그래밍의 기초에 이어 다양한 라이브러리를 활용하는 방법을 설명하고 있습니다. 그리고 적절한 예제 코드와 프로젝트를 통해서 간단하지만 완성된 프로그램을 만들어 볼 수도 있습니다. 책을 다 읽은 후 만들고 싶은 프로그램에 도전해 보면 어떨까요?

🦋 **한홍근**

많은 사람이 프로그래밍에 입문하기 쉬운 언어로 파이썬을 추천합니다. 그리고 프로그래밍을 공부하면서 '무엇을 할 것인가'라는 목표가 없어서 포기하는 사람들을 자주 봐 왔습니다. 이 책은 파이썬을 이용한 이미지 변환, 크롤링, 스크래핑, QR 이미지 생성 등 다양한 미니 프로젝트를 담고 있습니다. 배운 것을 미니 프로젝트에 적용하며 작은 성공을 통해 프로그래밍에 재미를 느끼고, 부디 중도에 포기하는 일 없이 파이썬을 습득할 수 있기 바랍니다.

제이펍은 책에 대한 애정과 기술에 대한 열정이 뜨거운 베타리더들로 하여금
출간되는 모든 서적에 사전 검증을 시행하고 있습니다.

Chapter 1

파이썬 소개

이번 장에서는 파이썬이 무엇인지에 관해 알아보고 실습을 위한 실행 환경 구축 방법에 관해 알아볼 것이다. 운영체제(Windows/Mac)와 그 버전에 따라 구축 방법이 달라지므로 각자의 환경에 맞게 설치하고 설정하도록 한다.

1-1

파이썬 시작하기

여기서는 파이썬에 관해 소개한다. 바로 본론으로 들어가고 싶은 독자는 건너뛰어 1-2절부터 읽기 시작해도 된다.

파이썬이란 무엇인가?

이 책을 읽고 있는 독자들이라면 파이썬이 프로그래밍 언어라는 것은 알고 있을 것이다. 파이썬은 1990년대 초반에 네덜란드 개발자 귀도 반 로섬(Guido van Rossum)이 만든 프로그래밍 언어다. 파이썬이라는 이름은 영국의 코미디언 그룹 '몬티 파이썬'에서 유래되었는데, 파이썬이라는 단어 자체는 비단뱀이라는 뜻을 가진다. 로고로 뱀이 그려진 것도 이 때문이다.

파이썬의 특징

프로그래밍 언어에는 C, C++, 자바(Java), 코볼(COBOL), PHP, 펄(Perl), 루비(Ruby), 자바스크립트(JavaScript) 등 다양한 언어가 존재한다. 이들 언어는 원체 유명하고 지금도 많이 사용되고 있어 이름은 한번쯤 들어봤을 것이다. 이처럼 여러 개의 프로그래밍 언어가 한 시대에 공존하는 이유는 각각 차별적인 특징을 가지고 있기 때문이다. 개발 목적과 무엇이 중요한지(개발 효율, 연산 속도 등)에 따라 프로그래밍 언어가 결정되기도 하고, 개발자의 선호도에 따라 선택되기도 한다. 파이썬이 가지는 여러 특징 중 가장 큰 특징으로 평가받는 것은 코드를 읽기 쉽다는 점이다. 그래서 프로그래밍을 배우는 첫 언어로 많이 선택되고 있다. 실제로 미국에서 컴퓨터학과 코스를 개설한 상위권 대학의 70% 이상이 파이썬을 가장 먼저 가르치고 있다고 한다. 또한, 교육용으로 개발된 작은 PC 보드인 라즈베리 파이(Raspberry Pi)도 파이썬을 개발 언어로 채택하였다. 이처럼 파이썬은 세계적으로 프로그래밍을 배우기 위한 첫 언어로 선택되고 있다.

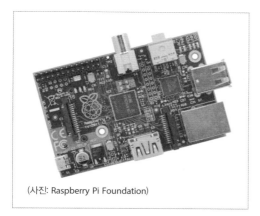

(사진: Raspberry Pi Foundation)

이처럼 작은 기판에 디스플레이나 키보드를
연결시켜 컴퓨터로 사용할 수 있다.

그림 라즈베리 파이

파이썬이 읽기 쉬운 이유는 언어의 단순함에 있다. 단순하다고 하면 간단한 프로그램만 만들 수 있을 것 같지만 그렇지 않다. 이 책을 통해 파이썬으로 할 수 있는 것을 자세히 설명할 것이지만, 파이썬을 메인 언어로 활용하는 구글(Google)이나 드롭박스(Dropbox), 미항공우주국(NASA) 등의 세계적인 기업이나 단체에서 파이썬은 고도의 계산이나 핵심적인 애플리케이션 개발에 사용되고 있다. 나 또한 실무에서 영상 분석 시스템을 파이썬으로 개발하였는데 아직도 잘 서비스되고 있다.

 ## 파이썬의 커뮤니티

파이썬은 파이썬을 좋아하는 사람, 사용하는 사람, 흥미를 느끼고 있는 사람들 간의 커뮤니티가 잘 형성되어 있다. 이 커뮤니티에 의해 파이콘(PyCon, Python Conference)이라는 이벤트가 세계 각국에서 개최되고 있다. 한국에도 파이썬 코리아라는 사용자 모임이 있다. 파이썬과 관련한 각종 프레임워크 스터디 및 세미나를 통해 실력 향상을 다지고 있다. Python Korea라는 페이스북 그룹도 있으니 가입하여 교류해 보기 바란다. 어떤 커뮤니티도 처음에는 참가하기까지 망설여질 수 있으나 막상 용기를 내어 참가해 보면 새로운 것을 알게 되고, 멋진 사람들을 만날 수 있다. 그러면 좋은 자극을 받게 되고, 더 열심히 학습해 볼 동기를 다지게 된다. 스터디의 연사가 되기 위해서는 경험과 지식이 필요하지만, 듣기만 하는 데에는 특별한 기술이 없어도 되니 반드시 참가해 보기 바란다.

다양한 프로그래밍 언어

현재 지명도가 있고 일정 수 이상의 사용자(user)를 보유한 프로그래밍 언어는 20개 내외로 손꼽을 수 있다. 그러나 현존하는 프로그래밍 언어의 개수를 정확하게 알 수는 없다. 왜냐하면 프로그래밍 언어는 개인이 만들 수도 있으므로 지금 이 순간에도 누군가에 의해 새로운 언어가 탄생하고 있을 수도 있기 때문이다. 엄밀히 세려면 범위를 정해야겠지만, 적어도 1,000개 이상은 될 것이다.

 ## 파이썬의 버전

현재 사용되고 있는 파이썬에는 버전 2와 버전 3이 있다. 숫자가 의미하듯이 버전 3이 최신 버전이고 지금부터 파이썬을 시작하려는 사람은 버전 3을 사용하는 것이 좋다. 당연한 이런 사실을 굳이 언급한 이유는 2016년 현재에도 많은 시스템에서 버전 2가 사용되고 있기 때문이다. 파이썬의 버전 2와 버전 3에는 큰 변화가 있어서 많은 시스템에서 쉽게 새 버전으로 옮겨가지 못하고 있다. 그래서 이를 지원하기 위해 버전 2도 새로운 버전이 계속 배포(release)되고 있다. 파이썬의 커다란 매력이라고 할 수 있는 풍부한 라이브러리(파이썬의 기능을 확장하는 프로그램) 중에도 앞서 언급한 이유로 인해 아직 버전 3에서 돌아가지 않는 라이브러리가 많다.[1] 사용하고 싶은 라이브러리가 버전 2에만 있어서 일부러 버전 2를 선택하는 경우도 있다.

---

[1] 유명한 라이브러리의 버전 3 대응 현황은 PYTHON 3 WALL OF SUPERPOWERS라는 사이트에서 확인할 수 있다. 초록색은 대응 완료를 뜻하고, 붉은색은 미완료를 뜻한다.
URL http://python3wos.appspot.com/

표 파이썬 버전과 배포 일자

버전 2	배포 일자		버전 3	배포 일자
2.7.13	2016/12/17		3.5.3	2017/01/17
2.7.12	2016/06/25		3.6	2016/12/23
2.7.11	2015/12/05		3.5.2	2016/06/27
2.7.10	2015/05/23		3.5.1	2015/12/07
2.7.9	2014/12/10		3.5.0	2015/09/13
2.7.8	2014/07/02		3.4.4	2015/12/21
2.7.7	2014/06/01		3.4.3	2015/02/25
2.7.6	2013/11/10		3.4.2	2014/10/13

그런데 버전 2 계열은 향후 버전 2.8이 배포될 예정이 없다. 그리고 버전 2의 지원은 2020년까지이므로 언젠가는 반드시 버전 3을 사용해야 한다. 그래서 이 책에서는 버전 3을 기본으로 하고, 아울러 버전 2도 설명하려고 한다. 이는 버전 2가 현장에서 많이 쓰이고 있기 때문이다. 버전 2와 버전 3의 차이점은 이후 설명을 진행하면서 짚고 넘어가도록 하겠다.

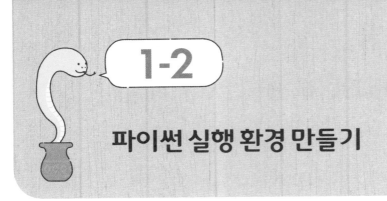

파이썬을 시작하기에 앞서 실행 환경을 준비하자. 사용하는 운영체제에 맞춰 다음 순서에 따라 환경을 준비한다.

윈도우의 경우

◆ 파이썬 설치[※2]

파이썬 공식 사이트로부터 인스톨러를 다운로드한다.

1 파이썬 공식 사이트에 접속한다.

URL https://www.python.org

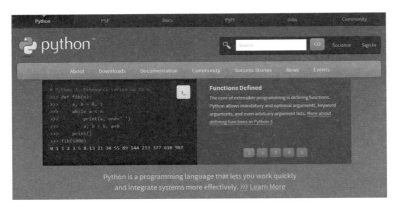

그림 **파이썬 공식 사이트**

[※2] **옮긴이** 여기에 기재된 설치 방법과 캡처 화면은 2017년 3월 기준이다. 홈페이지 개편과 버전 업데이트에 따라 다소 화면이 다를 수 있지만 전반적인 흐름은 크게 변하지 않는다.

② 상단 탭의 'Downloads'에 마우스 커서를 올리면 밑으로 메뉴가 생긴다. 오른쪽의 'Download for Windows'로부터 'Python3.6.0'[※3]을 클릭하여 다운로드를 시작한다.

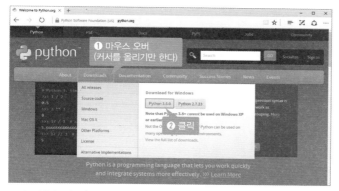

그림 **상단 탭의 'Downloads'에 마우스 커서를 올리면 메뉴가 나온다**

③ 다운로드가 완료되면 인스톨러를 실행한다. 다운로드된 'python-3.6.0.exe'를 더블 클릭하여 보안 경고가 표시되면 '실행' 버튼을 클릭한다. 컴퓨터 환경에 따라서는 아래의 보안 경고 화면이 나오지 않을 수도 있다.

그림 **보안 경고**

④ 인스톨러가 시작되면 맨 밑에 있는 'Add Python 3.6 to PATH'의 체크 박스(왼쪽의 네모)를 체크하고 'Install Now'를 클릭한다.

※3 계속 개발 중이므로 버전은 더 큰 숫자일 수 있다.

그림   인스톨러 화면

⑤ 사용자 계정 컨트롤 경고 창이 뜨면 '예(Y)'를 클릭한다.

그림   사용자 계정 컨트롤

⑤ 'Setup was successful'이 표시되면 설치가 종료된 것이다. 'Close'를 눌러 설치를 마친다.

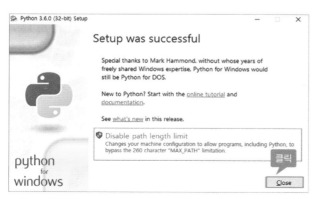

그림   설치 완료

✦ 파이썬의 환경 변수 설정

파이썬 버전 2를 사용하고 싶다면 이어서 설명하는 방법에 따라 환경 변수를 설정한다. 그렇지 않다면 **동작 확인(➡ p.14)**으로 넘어가도록 한다.

환경 변수를 설정하는 것은 컴퓨터에 파이썬이 설치된 위치를 알려 줘서 어디서도 쉽게 호출할 수 있도록 하기 위한 작업이다. 파이썬을 호출하기 위한 바로가기(shortcut)를 만든다고 생각해도 좋다.

① 제어판을 연다.

※ 제어판을 열기 위해서는 윈도우(Windows)의 '시작 메뉴(바탕화면 왼쪽 아래의 윈도우 마크(창 모양)를 클릭했을 때 표시되는 메뉴)'에서 '제어판'을 클릭한다.

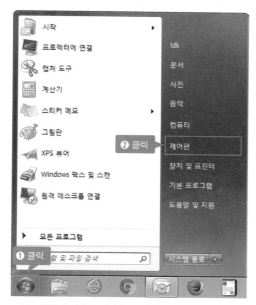

그림 **윈도우 시작 버튼을 클릭한 화면**

※ 윈도우 8.1이나 10에서는 왼쪽 아래의 윈도우 마크에서 마우스 우클릭하여 제어판(P)을 선택한다.

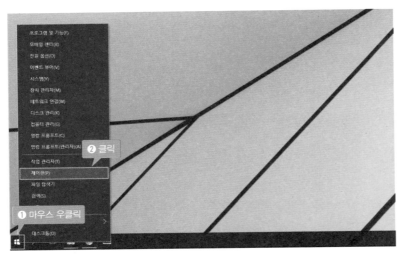

그림　윈도우 10의 화면

(2) 제어판에서 '시스템 및 보안'을 클릭한다.

그림　제어판

※　제어판이 위 화면과 다르게 생겼다면 오른쪽 위의 검색 창에 '시스템'이라고 입력하여 검색한다.

3 '시스템 및 보안'에서 '시스템'을 클릭한다.

그림 **'시스템 및 보안' 클릭**

4 왼쪽 메뉴에서 '고급 시스템 설정'을 클릭한다.

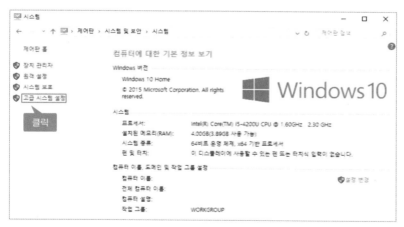

그림 **시스템 설정 화면**

5 '시스템 속성'의 '고급' 탭에서 '환경 변수(N)'를 클릭한다.

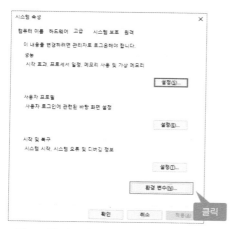

그림 **고급 시스템 설정**

6 아래의 '시스템 변수' 중에서 'Path' 행을 찾아서 선택한 후에 '편집(I)' 버튼을 클릭한다.

그림 **환경 변수를 클릭한 화면**

7 변수 값(V) 박스 안의 문자열의 끝에 ';C:\Python27'(버전 2의 경우)을 입력하고, '확인' 버튼을 클릭하여 닫는다.

윈도우 10에서는 환경 변수의 설정 화면이 다소 다르다.

1 '새로 만들기(N)' 버튼을 클릭한다.

2 텍스트 박스가 입력 가능한 상태가 되면 'C:₩Python27'이라고 입력하고, '확인' 버튼을 클릭하여 종료한다.

◆ 동작 확인

설치가 완료되면 윈도우에 기본으로 설치되어 있는 커맨드 창에서 동작을 확인해 본다.

① 윈도우의 시작 메뉴를 열고 '프로그램 및 파일 검색' 박스에 'cmd'라고 입력한다.

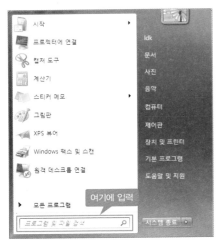

그림 윈도우 시작 메뉴

② cmd.exe라는 프로그램이 표시되면 클릭하여 기동한다.

그림 cmd를 검색한 결과

※ 윈도우 10에서는 왼쪽 아래의 윈도우 마크에서 마우스 우클릭하면 나타나는 메뉴에서 '검색'을 선택한 후에 검색 창에 'cmd'라고 입력한다.

그림　윈도우 10에서 검색하는 경우

커맨드 프롬프트는 윈도우에 처음부터 설치되어 있는 프로그램이다. 커맨드 프롬프트를 기동
하면 다음과 같은 화면이 표시되어 Users 디렉터리 이름에 이어 '>' 기호와 깜빡이는 커서가 표
시된다. 여기서는 키보드로 입력할 수 있다.

그림　커맨드 프롬프트 화면

③ 'python --version'이라고 입력한 후 `Enter`키를 누른다. 버전이 표시되면 설치가 정상적으로
완료된 것이다.

그림 파이썬의 버전이 표시되었다

맥 OS X의 경우

✦ 파이썬 설치

맥(Mac)에는 파이썬 버전 2가 기본으로 설치되어 있는데, 이 책에서는 최신 버전 3을 설치해
사용할 것이다.

① 파이썬의 공식 사이트로부터 인스톨러를 다운로드한다.
URL https://www.python.org/

그림 맥용 인스톨러 다운로드

2 다운로드한 pkg 파일을 열면 인스톨 화면이 열린다.

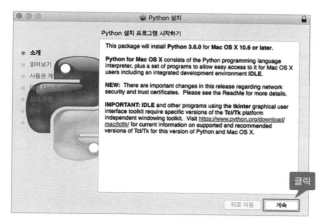

그림　맥용 인스톨러 화면

3 설명을 확인한 후에 진행한다.

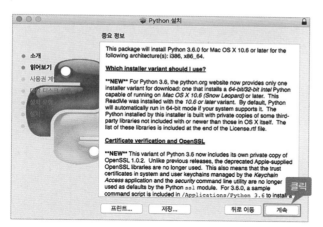

그림　맥용 인스톨러 확인 화면

도중에 사용 허가 동의/비동의 선택 화면이 표시된다.

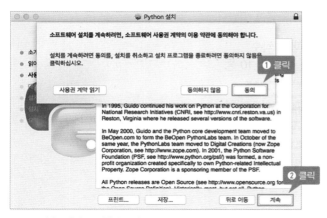

그림 사용 허가 동의/비동의 선택 화면

④ 설치 대상 디스크의 여유 공간이 충분하다면 '설치'를 클릭한다.

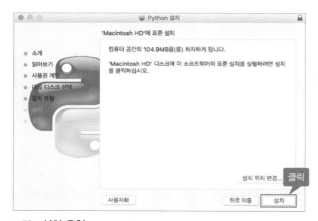

그림 설치 유형

⑤ 도중에 관리자 패스워드를 질문하면 맥을 켜고 로그인할 때 사용하는 패스워드를 입력하
도록 한다.

6 마지막으로, 다음 화면이 표시되면 설치가 무사히 완료된 것이다. '닫기'를 눌러 종료한다.

그림 맥용 인스톨러 완료 화면

◆ 동작 확인

설치한 파이썬을 정상적으로 사용할 수 있는지 확인해 보자. 맥에 기본으로 설치된 터미널이라는 애플리케이션이 Finder의 응용프로그램 폴더 안의 유틸리티 폴더 안에 있다.[4] 터미널을 실행하면 다음과 같은 화면이 표시되는데, '$' 기호 오른쪽의 깜빡이는 커서에 키보드로 텍스트를 입력할 수 있다.

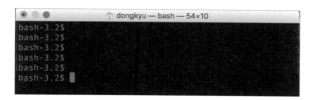

그림 터미널 화면

이 화면에서 'python3 --version'이라고 입력한 후 Enter를 눌러 본다. 앞서 설치한 파이썬 3의 버전 정보가 표시된다.

---

[4] 발견되지 않으면 화면 오른쪽 위의 돋보기 모양의 아이콘을 클릭하여 Spotlight 검색에서 '터미널'을 입력하여 찾는다.

또한, 'python --version'이라고 입력하면 Python2.7.10이라고 표시된다. 이것은 맥에 기본으로 설치된 버전 2에 해당한다.

이처럼 python3을 지정하면 Python3이 실행되고, 'python'이라고만 입력하면 Python2가 실행된다는 것을 기억해 둔다. 어떤 파이썬 코드는 버전 2에서만 정상적으로 동작하고, 버전 3에서는 에러가 발생하여 동작하지 않기도 한다. 따라서 시스템에 설치된 파이썬의 버전과 라이브러리에서 지원하는 버전을 잘 고려하여 프로그램을 만들어야 한다.

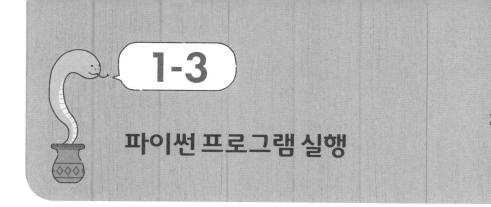

1-3

파이썬 프로그램 실행

파이썬 프로그램을 실행하는 방법은 크게 세 가지가 있다.

1. **인터랙티브 셸(interactive shell)에서 한 줄씩 실행하는 방법**
2. **텍스트 에디터로 프로그램을 작성하여 저장한 후, 해당 파일을 파이썬 커맨드로 전달하여 실행하는 방법**
3. **파이썬 부속 소프트웨어인 IDLE(Integrated DeveLopment Environment)을 사용하는 방법**

세 가지 방법을 모두 알아볼 것이다. 이 책 전반에서는 쉽게 따라할 수 있도록 인터랙티브 셸 위주로 설명을 진행하지만, 세 방법에 큰 차이점은 없다. 그리고 특별히 사용하고 있는 텍스트 에디터가 없다면 이번 절의 끝에서 소개할 아톰(Atom) 에디터를 사용해 보기 바란다.

파이썬 인터랙티브 셸을 이용하여 실행하는 방법

1-2절에서처럼 윈도우에서는 커맨드 프롬프트를 열고, 맥에서는 터미널을 열어서 'python'이라고 입력한다. 그러면 몇 줄 정도 출력되고 나서 '>>>'라는 기호가 표시된다.

이 '>>>' 기호 오른쪽에 프로그램을 한 줄씩 적고 Enter를 누르면 바로 실행된다. 직접 다음과 같이 입력해 보도록 한다.

```
>>> print('hello world')↵
```

'hello world'가 표시되었다. 인터랙티브 셸을 종료하기 위해서는 'exit()'라고 입력하고 Enter를 누르거나, Ctrl + Z를 동시에 누르고 나서 Enter를 누르면 된다. 그러면 좀 전까지 표시되던 '>>>'가 없어지고, 인터랙티브 셸을 기동하기 전의 콘솔 상태로 돌아간다.

파이썬 명령어에 프로그램 파일을 전달하여 실행하는 방법

아톰 등의 텍스트 에디터를 사용해서 방금 전에 인터랙티브 셸에서 입력한 것과 동일한 코드를 입력한다. 그리고 'hello.py'라는 이름으로 저장한다.

⬇ hello.py py

```
print('hello world')
```

※ 윈도우 환경에서 텍스트 파일을 저장할 때는 문자 코드를 UTF-8으로 선택하여 저장한다.

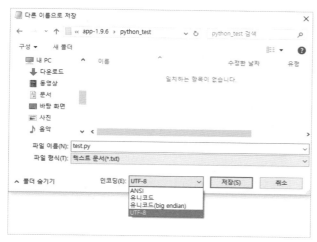

그림 **문자 코드는 UTF-8으로 저장**

hello.py라는 파일로 저장했으면 콘솔(윈도우의 경우 커맨드 프롬프트, 맥은 터미널)을 연다.[5] 콘솔 화면에서 윈도우의 경우 'python', 맥의 경우 'python3'을 입력하고 나서 hello.py를 드래그 앤드 드롭하면 hello.py의 경로가 표시된다. 그리고 [Enter]를 누르면 실행된다. 'hello world'라고 표시되면 성공적으로 실행된 것이다.

---

[5] 콘솔을 여는 방법은 14쪽의 '동작의 확인'을 참고한다.

IDLE을 이용하는 방법

IDLE(아이들)은 파이썬 언어에서 표준으로 제공하는 개발 환경 애플리케이션이다. 콘솔(커맨드 프롬프트/터미널)상에서 인터랙티브 셸을 실행하는 것처럼 IDLE상에서도 인터랙티브 셸을 실행할 수 있다. 그뿐만 아니라 파이썬 파일을 작성하고 실행할 수도 있다. IDLE을 사용하여 파이썬 파일을 작성하면 문법에 맞게 글자색이 표시되어 편리하다. 이 기능은 문법 강조(syntax highlight)라고 불리며, 프로그램을 작성하거나 읽을 때 가독성이 좋아지고 철자가 틀렸을 경우에도 쉽게 파악할 수 있다.

참고로, IDLE은 이 책의 마지막 장에서 소개하는 tkinter라는 라이브러리를 사용해서 파이썬으로 만든 프로그램이다. 맥의 경우 tkinter를 업데이트하지 않으면 IDLE이 정상적으로 동작하지 않으므로 주의한다. 부록 2 '트러블슈팅 2: 맥에서 한글 입력에 실패하는 경우' ➡ p.292

◆ 윈도우의 경우

① 커맨드 프롬프트를 실행할 때와 마찬가지로 윈도우 '시작' 메뉴에서 '프로그램 및 파일 검색' 창에 'IDLE'이라고 입력하여 검색한다.

그림 **IDLE 검색 결과**

② 여러 개가 검색될 경우 최신 버전을 선택하여 'IDLE'을 클릭한다.

그림 기동 직후의 IDLE

◆ 맥의 경우

① Finder를 열어서 화면 왼쪽의 즐겨찾기에서 '응용프로그램'을 선택하면, 화면 오른쪽에 응용프로그램 목록이 표시된다. 여기서 Python 3.6 폴더를 찾아서 열도록 한다.

※ 폴더명은 버전에 따라 다르다.

그림 애플리케이션 일람

2 Python 3.6 폴더 안에 있는 'IDLE'을 더블 클릭하여 실행한다.

그림 **Python 3.6**

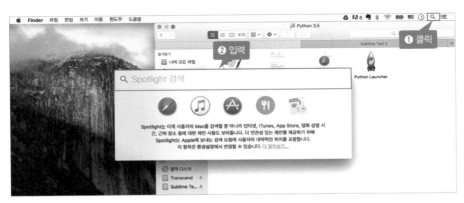

그림 **기동 직후의 IDLE**

맥의 화면 오른쪽 위의 돋보기 아이콘을 클릭하면 나타나는 Spotlight 창에서 'IDLE'이라고 입력하여 검색할 수도 있다.

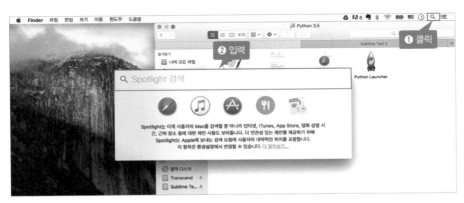

그림 **Spotlight 검색**

♦ 한 줄씩 실행하는 방법

IDLE을 실행하면 인터랙티브 셸이 함께 실행된다. 콘솔에서 실행시킨 인터랙티브 셸과 같이 파이썬 프로그램을 한 줄씩 입력하여 실행할 수 있다.

♦ 파일을 작성하여 실행하는 방법

IDLE의 메뉴 바에 있는 'File'에서 'NewFile'을 선택하면 파이썬 프로그램을 작성하기 위한 화면이 신규 생성된다. 여기에 파이썬 프로그램을 작성하여 저장하고, 메뉴 바에 있는 'Run'에서 'Run Module'을 클릭하여 실행할 수 있다.

 ## 웹의 개발 환경

지금까지 내 컴퓨터상에서 프로그램을 실행시키는 방법에 관해서 기술했는데, 최근에는 브라우저(Chrome, Firefox, Internet Explorer 등)에서 프로그램을 실행할 수 있는 서비스가 나왔다. 즉, 파이썬을 설치하지 않아도 브라우저만 있으면 파이썬을 돌려볼 수 있게 된 것이다. 다만, 웹 서비스의 특성상 운영 측의 사정에 따라 서비스가 정지될 수도 있다.

♦ codepad

[Language:]에 'Python'을 선택하고, 표시된 텍스트 박스에 프로그램을 작성하고, 'Submit' 버튼을 누르면 실행 결과를 확인할 수 있다. 다만 파이썬의 버전이 2.5로 다소 오래된 버전임을 유념하고 사용하도록 한다.

URL http://codepad.org

♦ paiza.io

파이썬을 비롯하여 루비(Ruby), PHP 등 24개의 언어를 지원하고 있다.

URL https://paiza.io

◆ runnable

페이지의 디자인이 이쁘다. 프로그래밍 언어뿐만 아니라 웹 프레임워크(web framework, 애플리케이션을 쉽게 만들기 위한 도구)를 돌려볼 수도 있다는 것이 특징이다.

URL http://code.runnable.com

◆ 파이썬 공식 사이트

파이썬 공식 사이트에도 간단한 실행 환경이 준비되어 있다. 다소 발견하기 어려운 위치에 있는데 홈페이지의 가운데 근처에 있는 노란색 버튼을 클릭하고 잠시 기다리면 파이썬을 실행할 수 있는 화면이 표시된다. 다른 사이트와 다르게 파이썬 인터랙티브 셸의 기능을 강화한 IPython이라 불리는 실행 환경이 기동된다. 인터랙티브 셸과 같은 방법으로 사용할 수 있다.

URL https://www.python.org

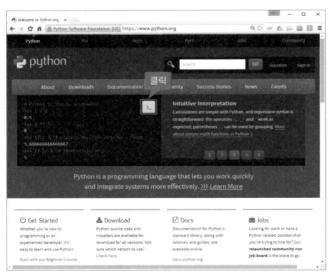

그림 **파이썬 공식 사이트의 터미널 화면**

아톰 에디터 설치

윈도우나 맥에는 텍스트 파일을 작성하기 위한 기본 에디터(윈도우에는 메모장, 맥에는 텍스트에디터)가 설치되어 있다. 이것들을 사용해서 파이썬 프로그램을 작성해도 되지만, 문자 코드나 파일 형식에 따라 잘 동작하지 않는 경우가 있다. 그래서 여기서는 사용하기 쉽고 기능이 풍부한 아톰(Atom) 에디터를 소개하겠다.

아톰은 깃허브(GitHub)가 만들어 공개한, 프로그램 개발에 적합한 에디터다. Package(패키지)라 불리는 다양한 확장 기능을 설치해서 커스터마이징하는 것이 가능하여 인기를 끌고 있다. 프로그램뿐 아니라 메모를 쓰는 용도로도 사용할 수 있다.

▶ 아톰

URL https://atom.io/

위 링크에 접속하여 'Download' 버튼을 클릭하여 다운로드한다.

※ 윈도우의 경우 'Download Windows Installer' 버튼을 클릭하고, 맥의 경우에는 'Download for Mac' 버튼을 클릭한다. 사이트에서 자동으로 운영체제 환경을 파악하니 고민할 것 없이 다운로드 아이콘 버튼을 클릭하면 된다.

♦ 윈도우의 경우

① 인스톨러를 실행한다. 이때 보안 관련 다이얼로그가 나타날 수도 있는데, 확인 후 계속 진행한다.

② 인스톨러가 실행되면 애니메이션이 표시되는데, 잠시 기다리면 다음과 같은 화면이 나타나면서 설치가 완료된다.

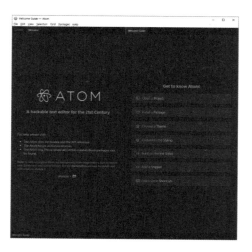

♦ 맥의 경우

① atom-mac.zip이라는 파일을 다운로드하고 압축을 푼다.

② 압축이 풀리면 Atom.app을 Application 폴더로 이동시켜 실행한다.

 ## 아톰 사용법(기본편)

♦ 입력

아톰을 처음 실행하면 오른쪽에 Welcome 가이드가 표시되고, 상단은 탭 형식으로 되어 있다. 먼저, Welcome 가이드 탭의 ⊠를 클릭하여 닫고, 왼쪽의 [untitled] 탭 밑에 파이썬 코드를 입력한다.

✦ 저장

파이썬 파일로 저장할 때는 파일명 끝에 .py로 확장자를 지정하는 것을 잊지 않는다. 만약 간단히 메모를 저장하고 싶은 경우에는 .txt로 저장한다.

 ## 아톰 사용법(응용편)

아톰의 가장 큰 특징은 기능의 확장성이다. 전 세계의 프로그래머들이 개발한 편리한 기능(패키지)을 내려받아 사용할 수 있다. 여기서는 minimap 패키지를 설치하는 방법을 설명하겠다.

✦ minimap 패키지 설치

윈도우에서는 화면 상단의 File 메뉴에서 'Settings'를, 맥에서는 아톰 메뉴에서 'Preferences'를 선택하면 설정 화면인 Settings가 나타난다. 이 페이지의 왼쪽 메뉴에서 '+ Install' 항목을 선택하면 다음 화면처럼 Install Packages라는 화면이 나타난다. 검색창에 'minimap'이라고 입력하여 패키지를 검색한 후 'Install' 버튼을 클릭하면 설치된다. 설치가 완료되면 에디터 화면 오른쪽에 minimap이 보인다.

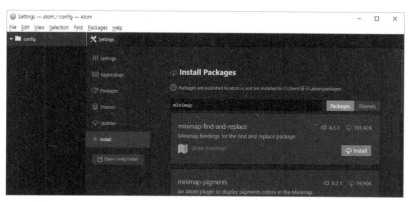

그림 **minimap 패키지**

또한, 지금부터 파이썬을 공부해 나갈 여러분에게 추천하고 싶은 패키지로 autocomplete-python이 있다. 위에서 minimap을 설치할 때와 마찬가지로 검색해서 설치한다. 이 패키지를 설치함으로써 파이썬 프로그램을 작성할 때 자동완성 기능이 동작하게 된다.

그림 **자동완성 기능**

이 외에도 아톰 에디터의 테마를 바꾸거나 편리한 기능을 더해 주는 패키지가 잔뜩 있다. 본인만의 에디터 툴이 되도록 커스터마이징해 본다.

 첫 파이썬 프로그래밍

이제 인터랙티브 셸을 사용해서 파이썬 프로그램을 만들어 돌려 보자. 윈도우에서는 커맨드 프롬프트, 맥에서는 터미널을 연다. 그리고 다음 내용을 한 줄씩 입력하고 '↵(Enter)'를 입력한다. 파이썬의 버전은 특별한 언급이 없는 이상 버전 3으로 실습을 진행한다.

Console **입력할 내용**

```
(유저 폴더명) > python ↵ ●──────── 맥에서는 python3
(버전 등의 정보가 표시됨)
>>>import calendar ↵
>>>print(calendar.month(2015,5)) ↵
```

Console **출력 결과**

```
      May 2015
Mo Tu We Th Fr Sa Su
             1  2  3
 4  5  6  7  8  9 10
11 12 13 14 15 16 17
18 19 20 21 22 23 24
25 26 27 28 29 30 31
```

'calendar'는 철자를 틀리기 쉬우니 주의하여 입력한다. 조금이라도 잘못 입력하면 SyntaxError 가 표시된다. 어디가 잘못되었는지는 ^로 표시되므로 참고하여 수정한다.

▶ **괄호를 한 개 더 입력하여 오류가 발생한 경우**

```
>>> print(calendar.month(2015,5)))
File "<stdin>", line 1
  print(calendar.month(2015,5)))
                              ^  ●────────── ↑잘못된 부분을 표시해 줌
```

인터랙티브 셸에서 키보드의 ↑키를 누르면 조금 전에 입력한 코드가 다시 나타난다. 전에 입력한 코드를 다시 활용할 때 편리하다. 불과 세 줄로 캘린더를 출력하였다. 첫 번째 줄은 파이썬의 인터랙티브 셸을 기동한 것이므로 프로그램 자체는 두 번째 줄부터다.

먼저, import calendar를 통해 파이썬의 캘린더와 관련된 기능을 불러들였다. 그리고 다음 줄에서 캘린더를 월 단위로 표시하는 기능을 사용하여 2015년 5월의 캘린더를 표시하였다. 여기서 숫자를 바꿔 calendar.month(2015,6)이라고 하면 2015년 6월의 캘린더가 표시되고, calendar.month(2014,7)이라고 하면 2014년 7월의 캘린더가 표시된다.

◆ 콘솔 리셋

콘솔에서는 Ctrl + C (복사)나 Ctrl + V (붙여넣기)를 사용할 수 없다. 콘솔에서 Ctrl + C 를 누르면 현재 처리를 강제로 중단하게 된다. 의도치 않은 처리를 끊어야 할 때 사용하도록 한다.

1-4

이 책을 읽는 방법

이 책의 구성 요소

◆ 콘솔

이 책에서는 주로 콘솔(커맨드 프롬프트, 터미널)을 사용해서 파이썬 프로그램을 실행한다. 노란색 뱀이 왼쪽 위에 있는 테두리는 콘솔 화면을 의미한다. 이 부분은 읽는 것으로 그치지 말고 반드시 실제로 실행하여 결과를 확인해 보기 바란다. 입력해야 하는 문자는 핑크색, 이미 실행한 문자는 회색으로 표시하였다. 즉, 회색으로 표시된 부분은 이미 입력했다면 재차 입력하지 않아도 되는 부분이다.

```
>>> import tkinter as tk ↵
>>> base = tk.Tk() ↵
>>> radio_value = tk.IntVar() ↵
```

각 줄의 앞부분에 '>>>'라고 표시된 부분은 인터랙티브 셸을 사용했음을 뜻한다. 인터랙티브 셸에서는 파이썬 코드를 입력하고 Enter를 눌러서 실행한다. 이 책에서 ↵는 Enter를 뜻한다. 또한, 예제 중에 한 줄이 매우 긴 경우 지면 관계상 두 줄로 표시한 경우가 있다. 이 부분을 실습할 때 교재에서 다음 줄에 있다고 Enter를 누르면 에러가 발생할 수 있으니 주의한다. 이런 경우에는 줄 끝에 ↵가 없다. Enter는 ↵를 표시한 곳에서만 누른다고 기억해 두면 된다.

◆ 설명을 위한 프로그램

하늘색 배경 안에 파이썬 코드가 쓰인 부분이 있다.

```
for count in range(3):
```

이 부분은 설명을 위한 코드다. 입력해야 될 전체 코드가 있지 않기 때문에 그대로 입력하는 것은 의미가 없다. 설명을 이해하기 위해 참고하도록 한다.

◆ 텍스트

콘솔상에서 한 줄씩 실행하는 방법 말고도 텍스트 파일에 파이썬 프로그램을 작성하여 그 파일을 실행할 수도 있다.

⬇ get_weather1.py py

```
import requests
api_url = 'http://weather.livedoor.com/forecast/webservice/json/v1';
payload={"city":"130010"}
weather_data = requests.get(api_url, params=payload).json()
print(weather_data['forecasts'][0]['dateLabel'] + '의 날씨는 ' + weather_
        data['forecasts'][0]['telop'])
```

초록색 뱀이 왼쪽 위에 있는 테두리는 텍스트 파일을 뜻한다. 에디터를 열어서 텍스트를 작성하여 저장한다. 오른쪽 위의 ⬇ **get_weather1.py**는 파일 이름에 해당한다.

◆ 서식

파이썬의 문법은 서식으로 정리하였다. 수학 공식과 비슷하다고 볼 수 있다.

서식

```
class 클래스 이름:
    tab 변수의 정의
    tab 함수의 정의
```

파이썬 파일 다루는 법(윈도우의 경우)

파이썬 파일을 저장할 때는 확장자 이름을 잘 지정하여 저장한다. 확장자는 파일 이름 말미에 점(.) 이후에 나타나는 파일 형식을 뜻하는 문자열이다. 시스템에서는 이 확장자를 기반으로 어떤 타입의 파일인지 판단한다. 파이썬 파일은 .py라는 확장자를 사용한다. 그러면 시스템이 파이썬 파일로 인식하게 된다.

그림 **파이썬 파일**

혹시 본인의 컴퓨터에서 확장자가 표시되지 않는다면 확장자를 표시하도록 설정할 수 있다.

① 키보드의 윈도우 키(윈도우 마크)와 E를 눌러 익스플로러 창을 연다.

② Alt를 누르면 메뉴바가 나타난다.

③ 메뉴바에서 '도구 → 폴더 옵션'을 선택한다.

그림 **'도구'에서 '폴더 옵션' 선택**

④ '폴더 옵션'의 '보기' 탭을 클릭한다. 화면 아래의 '고급 설정' 목록에서 '알려진 파일 형식의
파일 확장명 숨기기'를 찾아서 체크를 해제한다.

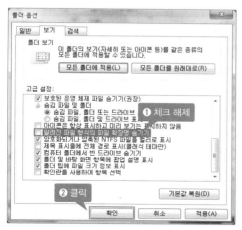

그림 '알려진 파일 형식의 파일 확장명 숨기기'를 찾아서 체크 해제

텍스트 파일을 더블 클릭해서 여는 경우가 많은데, 파이썬 파일을 더블 클릭하면 파이썬 코드
가 실행되고 만다. 그래서 파이썬 파일을 다시 편집하고 싶은 경우에는 파일을 마우스 우클릭
하여 나타나는 메뉴에서 '연결 프로그램'을 선택한다. 연결할 프로그램을 선택하는 다이얼로그
가 표시되면 원하는 에디터를 선택한다.

그림 마우스 우클릭으로 연결 프로그램 선택

파이썬 파일 다루는 법(맥의 경우)

맥에 표준으로 설치된 텍스트 에디터로 파이썬 파일을 편집하려고 하면 파일 형식 문제로 에러가 발생할 수 있다. 이 책에서는 깃허브(GitHub)가 개발한 에디터인 아톰을 추천한다(➡ p.29).

파이썬 파일의 확장자는 .py이다. 혹시 파일의 확장자가 표시되지 않는다면 '환경설정'에서 설정을 바꿔 준다.

1 바탕화면을 클릭하여 왼쪽 위의 메뉴바에 'Finder'가 표시되는 것을 확인
2 메뉴바의 'Finder'를 클릭하여 '환경설정'을 클릭

3 '고급' 탭을 선택하여 '모든 파일 확장자 보기'를 체크

파이썬의 코딩 규약 PEP8

파이썬에 국한되지 않고, 모든 프로그래밍 언어에는 언어별로 코딩 규약이라 불리는 규칙이 있다. 코딩 규약이란, '이럴 때는 이런 식으로 작성하자'는 규칙의 모음이다. 강제력이 있는 것은 아니지만, 여럿이 함께 개발할 때는 코딩 규약에 따름으로써 코드가 통일감을 가지게 되어 읽기 쉬운 프로그램이 된다. 회사별로 독자적인 코딩 규약을 만들어 따르기도 한다.

PEP는 Python Enhancement Proposals의 약어로, 의역하면 파이썬을 보다 좋게 하는 제안집이다. 특히, PEP8 'Style Guide for Python Code'의 파이썬 코딩 규약을 따르는 경우가 많다.

▶ PEP8

URL https://www.python.org/dev/peps/pep-0008/

PEP 중에서 자주 언급되는 것이 PEP20의 The Zen of Python이다. 여기서 Zen이라는 것은 불교의 선(禪)을 의미한다. The Zen of Python이란, 파이썬의 선(禪), 파이썬의 마음, 가르침이라는 의미로 전 세계의 파이썬 프로그래머에게 알려져 있다. 프로그래밍 언어와 선(禪)은 언뜻 보아 가장 거리가 먼 개념인 것 같은데 함께 묶여 있어 재미있다. 실은, 이 The Zen of Python의 내용이 파이썬에 포함되어 있다. 인터랙티브 셸을 기동하고, 'import this'라고 입력하면 내용이 출력된다. 직접 확인해 보도록 한다.

```
>>> import this ↵
The Zen of Python, by Time Peters
… 생략
```

파이썬 프로그래밍 시작하기

환경설정을 끝냈으면 준비운동을 마친 것과 같다. 이제 본격적으로 프로그램을 만들어 보자. 이번 장에서는 먼저 프로그래밍이란 무엇인가를 생각해 볼 것이다. 그리고 다섯 줄 이내의 작은 프로그램을 직접 만들어 보면서 파이썬의 기초에 해당하는 간단한 계산이나 데이터의 종류를 알아보겠다.

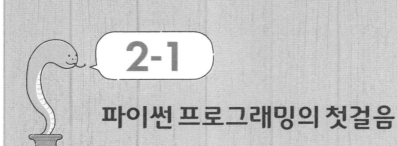

2-1
파이썬 프로그래밍의 첫걸음

파이썬으로 할 수 있는 것을 소개하고, 프로그래밍의 첫걸음을 밟아 본다.

1장에서 파이썬의 개요와 환경설정, 그리고 캘린더를 표시하는 간단한 프로그래밍을 알아봤다. 지금부터 본격적으로 파이썬 프로그래밍을 배워 보기 전에 프로그래밍이란 무엇인지를 먼저 생각해 보자.

 ## 프로그래밍이란?

우리가 일상생활에서 나누는 의사소통을 생각해 보면 한국어라는 언어를 사용해서 부탁을 하거나 들어주거나 한다.

그림 사람에게 "뱀을 꺼내 주세요!"라고 부탁한다

한편, 우리가 컴퓨터에게 무엇인가 부탁하고 싶을 때 한국말로 부탁해도 컴퓨터는 알아들을 수 없다. 컴퓨터가 이해할 수 있는 언어를 사용해야 하는데, 컴퓨터가 이해할 수 있는 언어가 바로 프로그래밍 언어다.

그림 컴퓨터에게 프로그래밍 언어로 "뱀을 꺼내 줘!"라고 부탁하는 모습

여기서 사람이 사용하는 언어와 프로그래밍 언어의 개념을 정리해 보면 다음과 같다.

표 사람이 사용하는 언어와 프로그래밍 언어

사람에게	컴퓨터에게
언어	프로그래밍 언어
문장을 작성	프로그래밍
문장	프로그램

사람의 언어에 한국어, 영어, 중국어처럼 여러 종류가 있는 것처럼 프로그래밍 언어도 자바나 PHP, 파이썬 등 다양한 종류가 있다.

 프로그램 작성 시 주의할 점

프로그래밍 언어는 컴퓨터에게 일을 부탁하기 위해 사용하는 언어다. 그런데 한 가지 주의해야 할 점이 있다. 그것은 컴퓨터가 이해할 수 있는 프로그래밍 언어는 우리가 보통 사용하는 한국 어나 영어보다도 매우 엄격한 규칙을 따른다는 점이다.

◆ 기호 사용

예를 들어, 우리가 글을 쓸 때 대괄호([]), 중괄호({}), 소괄호(())와 같은 괄호를 사용하곤 한다. 우리는 이런 괄호의 차이를 크게 의식하지 않고 이해할 수 있다. 다음 예를 살펴보자.

```
['사과', '귤', '레몬']
```

```
{'사과', '귤', '레몬'}
```

그림 괄호로 감싸서 쉼표로 구분한 단어들

세 개의 과일을 대괄호([])로 감싼 것과 중괄호({})로 감싼 두 가지가 있다. 여기서 우리가 얻는 정보는 같다. 세 개의 단어가 괄호로 묶여 있다는 것이다. 그런데 프로그래밍 언어에서는 이들 두 개의 데이터가 완전히 다르게 인식된다. 사용한 괄호에 따라 다른 기능을 가지게 되는 것이다. 괄호뿐만 아니라 세미콜론(;)과 콜론(:), 점(.)의 개수도 잘못 쓰면 프로그래밍에서는 문제가 된다. 프로그램을 작성할 때에는 이런 사소한 기호도 정확하게 사용해야 한다.

여기서 예로 든 두 괄호의 의미 차이는 2-5절 데이터 타입에서 구체적으로 설명할 것이다. 여기서는 이런 작은 차이가 프로그램에서는 큰 차이가 된다는 것을 기억해 두자.

◆ 공백 사용

프로그램에 엄격한 룰이 적용되는 것은 기호뿐만이 아니다. 특히, 파이썬에서는 프로그램 안에 공백을 어떻게 넣는지가 매우 중요하다. 다음 예를 살펴보자.

▶ **프로그램 예 1**

```
>>> def happy():
...     print('life')
```

▶ **프로그램 예 2**

```
>>> def happy():
... print('life')
```

파이썬 코드 두 개를 나열했다. 둘의 차이점을 파악할 수 있겠는가? 답은 print 왼쪽의 공백 여부다. 언뜻 보면 아무것도 아닌 차이인데 이 차이로 인해 1번 프로그램은 정상적으로 돌아가지만, 2번 프로그램에서는 에러가 발생한다. 파이썬에서는 프로그램을 읽기 쉽게 하려고 공백에 관한 엄격한 규칙을 정해 놓았다. 비유하자면, 원고지에 글을 쓸 때 단락을 시작하는 첫 칸은 비워야 하는 규칙과 유사하다. 프로그램 코드의 각 줄의 앞부분에 넣는 공백을 인덴트(indent)라고 한다.

참고로, 다른 프로그래밍 언어 중에는 인덴트가 필수가 아닌 언어도 있다. 그러한 언어의 경우 가독성을 위해 의례적으로 인덴트를 사용하지만, 안 지켜도 에러가 발생하지는 않는다. 하지만 파이썬은 비유하자면 단락의 시작에 첫 칸을 비우지 않으면 원고를 아예 받아 주지 않는 엄격한 선생님이라고 생각할 수 있다. 인덴트를 넣는 방법이나 공백을 넣는 위치는 차차 설명할 것이다. 비교적 단순한 규칙이니 너무 겁먹지 않아도 된다.

본격적으로 프로그래밍을 시작하기 전에 몇 가지 기본적인 사항을 살펴봤다. 다음 절부터는 직접 파이썬으로 코드를 만들면서 프로그래밍을 배워 볼 것이다.

어떤 언어를 배우면 좋을까?

어떤 언어를 처음으로 배우는 것이 좋을지는 매년 뜨겁게 논의되는 주요 관심사다. 프로그래밍 언어별로 다양한 측면을 가지고 있으므로 하나의 언어를 꼽기는 어렵다. 이 책의 서두에서 기술한 것처럼 파이썬은 이해하기 쉬워서 처음 배우기에 적합한 언어지만, 파이썬 이외에도 처음 배우기에 적합한 언어가 존재한다.

만약에 만들고 싶은 것이 미리 정해진 상황이라면 범위를 더욱 좁힐 수 있다. 예를 들어, 웹 애플리케이션을 만들고 싶은 경우에는 파이썬, PHP, 루비가 적합하다. 통계 분석이라면 파이썬 외에도 R이라는 언어가 주류다. 반면, 특별히 구체적인 목적은 없지만 프로그래밍을 배우고 싶다면 파이썬처럼 알기 쉬운 언어로 프로그래밍을 익히는 것이 좋다. 문법은 언어에 따라 다르지만, 반복, 조건 분기 등은 공통의 개념이다. 프로그래밍 언어를 하나라도 배워 두면 만들고 싶은 프로그램이 생기거나 새로운 일에 참가하게 되었을 때 처음 접하는 언어라고 해도 보다 쉽게 배울 수 있다.

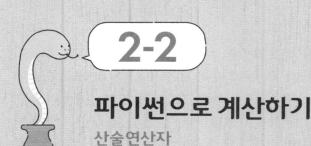

2-2

파이썬으로 계산하기

산술연산자

가계부를 작성하거나 문서 작업을 할 때 계산이 필요한 상황이 자주 발생한다. 보통은 전자계산기를 사용하는데, 이번 절에서는 파이썬으로 계산하는 방법을 알아보자.

먼저, 인터랙티브 셸을 실행하자. 인터랙티브 셸을 실행한다는 것은 윈도우의 경우 커맨드 프롬프트(➡ p.14), 맥에서는 터미널(➡ p.19)을 기동하고 'python'(맥에서는 'python3')을 입력하면 된다. 인터랙티브 셸을 실행했으면 예제를 따라 입력하면서 파이썬으로 계산하는 법을 익혀 보자.

덧셈, 뺄셈

덧셈은 +, 뺄셈은 −를 사용한다. 이때 공백이나 =는 필요 없다. 'A+B'라고 입력한 후 Enter를 누르면 된다. 지금부터 엔터 키는 ↵로 표시하겠다. ↵로 표시된 곳에서 Enter를 누르면 된다.

```
>>> 1129 + 2344 ↵
3473
```

여러 가지 숫자를 넣어 가면서 덧셈, 뺄셈을 직접 해보도록 한다. 올바른 계산 결과가 표시될 것이다.

```
>>> 1129 + 2344 ↵
3473
>>> 3473 + 376 ↵
3849
>>> 400 - 330 ↵
70
```

 ## 곱셈, 나눗셈

덧셈, 뺄셈과 마찬가지로 곱셈, 나눗셈도 실행할 수 있다. 곱셈의 기호는 ×가 아니라 *이고, 나눗셈은 ÷가 아니라 /를 사용한다.[6]

```
>>> 2800 * 1.08 ↵
3024.0
>>> 1920 / 12 ↵
160.0
```

 ## 연산 우선순위

파이썬으로 덧셈, 뺄셈, 곱셈, 나눗셈을 해봤다. 이 네 개의 연산을 사칙연산이라 한다. 이번에는 이 사칙연산을 섞어서 실행해 보자.

---

[6]　버전 2에서는 나눗셈의 결과가 다르다(칼럼 '파이썬 2와 파이썬 3의 나머지 연산의 차이' ➡ p.51).

```
>>> (40 + 50) * 3 - 50 ↵
220
>>> 40 + 50 * 3 - 50 ↵
140
```

괄호가 있으면 괄호 내의 연산을 먼저 하고, 그렇지 않은 경우에는 곱셈을 먼저 하는 사칙연산의 우선순위가 잘 반영되었음을 알 수 있다.

나머지

기본적인 사칙연산 외에도 나머지 연산도 존재한다. 나머지 연산은 %(퍼센트 기호)를 사용한다.

```
>>> 255 % 3 ↵
0
>>> 255 % 7 ↵
3
```

255를 3으로 나누면 85로 나누어떨어지므로 나머지가 0이 출력되었다. 그리고 255를 7로 나누면 36으로 나누어지고 3이 남게 되므로 나머지가 3이 출력되었다.

◆ 나머지 연산은 어디에 사용될까?

그런데 이 나머지 연산은 어디에 사용될까? 필자도 처음 프로그래밍을 배울 때 어디에 사용될지 몰랐다. 프로그래밍을 하다 보면 뜻밖에 자주 활용되는데, 대표적으로 어떤 숫자가 짝수인지 홀수인지를 알기 위해 사용한다. 확인하고 싶은 숫자를 2로 나눠서 나머지가 0이면 짝수가 되고, 1이면 홀수가 된다.

	0일 때는 짝수
2로 나눈 나머지가...	➡ 2, 4, 6, 8, 10 등
	1일 때는 홀수
	➡ 1, 3, 5, 7, 9 등

그림 나머지 연산을 사용하여 짝수/홀수 판정

또 예를 들면, 학생을 네 개의 그룹으로 나누는 경우에도 사용될 수 있다. 학생의 출석 번호를 4로 나누면, 어떤 숫자도 0, 1, 2, 3 중 하나가 된다. 이 성질을 이용하여 나머지가 같은 사람들을 하나의 그룹으로 묶는 것이다. 잘 기억해 두면 언젠가 유용하게 사용할 수 있을 것이다.

거듭제곱

거듭제곱은 하나의 수를 반복하여 곱하는 것을 말하며, 'O의 △제곱'으로 표시한다. 예를 들어, 2의 2제곱은 4, 3의 4제곱은 81이다. 이러한 거듭제곱은 **을 사용한다.

```
>>> 2 ** 3 ↵
8
>>> 5 ** 4 ↵
625
```

2를 3회 곱한 것(2×2×2), 5를 4회 곱한 것(5×5×5×5)이 계산되어 출력되었다.

복소수

파이썬에서는 복소수를 다룰 수 있어 정수(integer)처럼 산술연산자를 사용해서 계산할 수 있다. 수학에서는 허수 단위를 i로 표현하는데, 파이썬에서는 j 혹은 J를 사용한다. 거듭제곱을 사용하여 1j를 2제곱하면 −1이 된다. 또한, 허수 단위인 j는 1j처럼 j를 생략해서는 안 된다.

```
>>> (4 + 5j) - (3 - 4j) ↵
(1+9j)
>>> 1J ** 2 ↵
(-1+0j)
```

지금까지 숫자와 기호만을 사용해서 단순한 계산을 수행해 봤다. 파이썬의 표준 라이브러리 (파이썬 확장 프로그램)를 사용하면 삼각함수, 지수함수, 대수함수 등 고도의 계산을 수행할 수도 있다.

정리

파이썬의 산술연산자를 정리하면 다음과 같다.

표 산술연산자

산술연산자	사용법	뜻
+	1 + 1	덧셈
−	2 - 2	뺄셈
*	3 * 3	곱셈
/	4 / 4	나눗셈(몫)
%	5 % 3	나눗셈(나머지)
**	6 ** 2	거듭제곱

파이썬 2와 파이썬 3의 나머지 연산의 차이

파이썬 버전 2와 버전 3의 나머지 연산 결과가 다르다. 앞서 예로 든 1920을 12로 나누는 경우 파이썬 2에서의 결과는 다음과 같다.

▶ **파이썬 2**

```
>>> 1920 / 12 ↵
160
```

차이점이 보이는가? 파이썬 2에서는 정수(소수나 분수가 아닌 숫자)끼리의 나눗셈에서는 소수점 이하가 버려져서 표시되지 않는다. 다음과 같이 나누어떨어지지 않는 숫자에 대해서 마찬가지다.

▶ **파이썬 2**

```
>>> 1931/12 ↵
160
```

만약에 파이썬 2에서 파이썬 3에서처럼 계산한 결과를 소수점까지 표시하고 싶으면 계산하는 숫자에 소수점을 붙일 필요가 있다. 예를 들면, 1931이면 1931.0이라고 해야 한다.

▶ **파이썬 2**

```
>>>1931.0/12 ↵
160.91666666666666
```

한편, 파이썬 3에서 파이썬 2와 같이 소수점을 버린 결과를 얻고 싶으면 나눗셈 기호를 /이 아닌 //를 사용하도록 한다.

▶ **파이썬 3**

```
>>>>1931//12 ↵
160
```

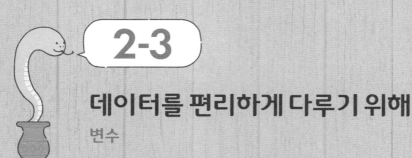

2-3

데이터를 편리하게 다루기 위해

변수

이번 절에서는 변수를 알아보겠다. 변수는 숫자나 문자 등의 데이터에 이름을 붙여 컴퓨터가 기억하도록 하는 기능이다. 마치 휴대전화의 연락처와 비슷하다. 늘 사용하는 휴대전화의 연락처와 프로그래밍의 변수가 어떻게 비슷한지 알아보자.

 변수란?

우리는 보통 친구들이나 직장 동료의 전화번호를 전부 외우고 있지는 않는다. 이름과 전화번호를 묶어서 휴대전화의 연락처에 저장해 놓고, 필요할 때 이름으로 찾고 전화를 거는 경우가 일반적이다. 이것은 '전화번호라는 데이터를 이름이라는 라벨을 붙여서 저장해 놓았다'라고 바꿔 말할 수 있다.

그림　연락처

변수의 원리도 이 연락처와 비슷하다. 먼저, 프로그램 안에서 사용하고 싶은 숫자나 문자열 등의 데이터를 준비해 놓으면 거기에 라벨을 붙인다. 그 라벨을 이용해서 데이터를 사용한다고 볼 수 있다.

프로그래밍에 익숙해지기 전에는 변수의 개념이 어렵게 느껴질 수 있으나, 안심해도 좋다. 직접 사용하다 보면 확실히 감을 잡게 될 것이다.

 ## 변수를 사용한 프로그램

지금까지 파이썬을 사용해서 다양한 계산을 해보았다. 이번에는 변수를 사용해 보도록 하자. 프로그램에서 변수를 기술하는 방법은 다음과 같이 변수와 값 사이에 =(EQUAL)를 쓰면 된다.[7]

서식

```
변수 = 값
```

---

[7]　=(EQUAL)의 뒤에 빈칸을 넣지 않아도 된다.

이것을 변수에 값을 'Set한다'라고 한다.[8] 예로 든 휴대전화 연락처의 경우 전화번호라는 값에 이름이라는 라벨을 붙이는 것이 바로 =을 사용하는 것과 같다.

수학에서는 1+1=2처럼 왼쪽의 식과 오른쪽의 값이 서로 같다는 뜻으로 =이 사용되지만, 파이썬에서는 변수에 값을 대입하는 연산자로 사용된다. 실제 인터랙티브 셸을 실행하여 직접 사용해 보자.

```
>>> tax = 0.08 ↵
>>> price = 120 ↵
>>> lee_telephone = '090-1234-5678' ↵
```

첫 번째 줄에서는 변수 tax에 0.08이라는 수치를 대입하였다. 두 번째 줄에서는 변수 price에 120이라는 수치를, 세 번째 줄에서는 변수 lee_telephone에 '090-1234-5678'이라는 문자열을 대입했다.

그럼, 실제 값이 대입된 것을 확인해 보자. 'tax'라고 입력한 후 Enter를 눌러 본다. 'price, lee_telephone'도 동일하게 입력하고 Enter를 눌러 본다.

```
>>> tax = 0.08
>>> price = 120
>>> lee_telephone = '090-1234-5678' ↵ ●――――――― 여기까지는 위에서 이미 입력한 부분
>>> tax ↵
0.08
>>> price ↵
120
>>> lee_telephone ↵
'090-1234-5678'
>>>
```

---

[8] '대입한다'라고도 한다.

'tax, price, lee_telephone'을 입력한 후 Enter를 누르면 변수에 저장된 수치나 문자열 데이터가 표시되었다. 이어서 이들 변수를 사용해서 곱셈을 해보자.

```
>>> price * tax ↵
9.6
>>> 120 * 0.08 ↵
9.6
```

변수를 사용한 계산 결과와 실제 값으로 계산한 결과가 같다는 것을 알 수 있다. '딱히 변수를 안 써도 계산할 수 있는 것 아닌가'라는 생각이 들 수도 있다. 여기서 변수의 역할과 그 주요 장점에 대해 짚고 넘어가도록 하자. .

첫째, 연락처처럼 기억해 두기 어려운 데이터(전화번호)를 lee_telephone이라는 기억하기 쉬운 이름으로 저장하여 원할 때 사용할 수 있다.

둘째, 데이터에 이름을 붙임으로써 의미를 부여할 수 있다. 위 예에서는 0.08이라는 값에 tax 라는 이름을 주었다. tax는 영어로 세금이라는 뜻으로 어떤 숫자에 변수 tax가 곱해져 있는 계산식을 보면 세금을 계산하고 있다고 쉽게 유추할 수 있다. 변수를 사용하지 않고 숫자만을 사용해도 동일한 계산 결과를 얻을 수 있지만, 보통 통찰력이 좋지 않은 이상 숫자만 보고 0.08이 세율이라고 알기는 힘들다.

변수에 사용할 수 있는 문자

변수의 이름은 기본적으로 자유롭게 명명할 수 있지만, 모든 문자를 다 사용할 수 있는 것은 아니다. 변수명을 지을 때는 다음과 같은 몇 가지 규칙이 있다.

▶ **첫 번째 문자에 숫자를 사용하지 않는다**
▶ **예약어를 사용하지 않는다**

먼저, 첫 번째 문자로 숫자를 사용하지 않아야 한다는 것을 코드를 통해 확인해 보자.

```
Console
>>> value = 100 ↵
>>> _value = 300 ↵
>>> 2value = 500 ↵
  File "<stdin>", line 1
    2value = 500
         ^
SyntaxError: invalid syntax
```

value와 _value라는 두 변수명은 어떤 문제도 일어나지 않았다. 반면, 첫 문자에 숫자를 사용한 2value의 경우 SyntaxError: invalid syntax라는 에러가 표시되었다. 이것을 번역하면 '구문 에러: 유효하지 않은 구문이 감지되었습니다'라는 내용이다. 구문이라는 것은 파이썬의 문법이다. 변수명의 첫 번째 문자는 영어 혹은 _(언더바)여야 한다.

다음으로, '예약어를 사용하지 않는다'에 관해 알아보자. 예약어란, 파이썬에 이미 정의된 문자열이다. 즉, 파이썬 언어 자체에서 미리 사용하기 위해 예약해 둔 문자열인 것이다. 예약이라는 의미가 어렵게 느껴질 수 있으나, 파이썬을 만든 사람들이 이미 사용한 문자열이라고 보면 된다.[9]

이 예약어를 변수로 사용하면 어떻게 되는지 finally와 global이라는 예약어를 사용해서 확인해 보자.

```
Console
>>> finally = 888 ↵
  File "<stdin>", line 1
    finally = 888
        ^
SyntaxError: invalid syntax
```

---

[9] 예약어의 수는 파이썬의 버전에 따라 다르다.

```
>>>global = 127 ↵
  File "<stdin>", line 1
    global = 127
           ^
SyntaxError: invalid syntax
```

첫 번째 규칙을 지키지 않았을 때와 마찬가지로 SyntaxError: invalid syntax라는 에러가 표시되었다. 그런데 어떤 것들이 예약어로 지정되어 있는지 모른다면 규칙을 지킬 수도 없을 것이다. 파이썬에 어떤 것들이 예약어로 지정되었는지 확인하는 방법은 다음과 같다.

```
>>> import keyword ↵
>>> keyword.kwlist ↵
```

첫 번째 줄은 keyword라는 이름으로 기능을 모아 놓은 것을 import(불러들임)한다는 뜻이고, 두 번째 줄은 keyword라는 이름으로 모아 놓은 기능 중 kwlist(키워드 리스트)를 출력하라는 뜻이다.

이 두 번째 줄을 인터랙티브 셸에 입력하면 예약어 목록이 표시된다. 이들 33개의 예약어를 전부 외울 필요는 없으나, 변수명으로 사용할 수 없는 예약어들이 있다는 것만은 기억해 두자.

표 예약어

False	None	True	and	as	assert	break
class	continue	def	del	elif	else	except
finally	for	from	global	if	import	in
is	lambda	nonlocal	not	or	pass	raise
return	try	while	with	yield		

변수의 이름은 그 변수가 가지는 의미를 나타내는 영어 단어를 사용한다. 예를 들어, 사과의 가격을 변수에 담을 때는 apple_price라고 하는 것이 적절하다. 왜냐하면 다른 사람이 코드를 봤을 때 그 변수가 어떤 의미를 가지는지 알기 쉽기 때문이다.[10]

 ## 정리

변수에 관해 알아봤다. 아직 단순한 계산밖에 하지 않아서 값에 이름을 붙여 저장하는 것 이상의 장점을 느끼지 못했을 수도 있다. 그러나 프로그래밍을 배우다 보면 자연스레 변수를 효율적으로 사용하게 될 것이다.

---

[10] 실은 파이썬 3부터 한글을 변수로 사용할 수 있게 되었으나, 널리 사용되고 있지는 않다. 웬만하면 변수명은 영어를 사용하도록 한다.

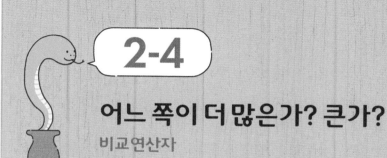

 비교연산자란?

비교연산자는 이름 그대로 비교에 사용되는 연산자다. 데이터 간의 비교를 통해 어느 쪽 숫자가 더 크거나 작은지 확인하는 데 사용한다.

 비교연산자 사용하기

그럼, 실제로 인터랙티브 셀을 실행시켜 확인해 보자. '34 > 22'라고 입력해 본다.

```
>>> 34 > 22 ↵
True
```

34와 22를 > 기호로 비교한 결과, True라는 문자가 표시되었다. 이것은 34 > 22이 True(참)라는 뜻이다. 다음으로, 부등호의 방향을 바꿔서 실행해 보자.

```
>>> 34 < 22 ↵
False
```

이번에는 False가 표시되었다. 이번에는 34 < 22가 False(거짓)라는 뜻이다. 이처럼 프로그램에서 참은 True, 거짓은 False로 다룬다. 이외에 다음과 같은 비교연산자들이 존재한다.

표 비교연산자 정리

비교연산자	예	뜻
>	x > y	x는 y보다 크다
>=	x >= y	x는 y와 같거나 크다
<	x < y	x는 y보다 작다
<=	x <= y	x는 y와 같거나 작다
==	x == y	x와 y는 같다
!=	x != y	x와 y는 같지 않다

이 중에서 특히 주의해야 하는 것이 같은지 비교하는 ==라는 비교연산자다. 2-3절에서 설명했던, 변수에 값을 대입할 때 사용하는 =와 혼동하기 쉬우니 주의하자. =와 ==를 연속으로 실행해 보자.

```
>>> apple = 15 ↵ ●──────────────────────────────── 변수에 값 대입
>>> apple == 15 ↵ ●──────────────────── 변수 apple의 값과 15라는 값을 비교
True
```

첫 번째 줄에서는 apple이라는 변수에 15라는 값을 대입했다. 두 번째 줄에서는 apple이라는 변수와 15라는 값이 같은지 비교한 결과, True(참)라는 결과가 표시되었다.

이 True와 False는 논리형 혹은 bool형이라고 불리는 데이터형이다. 논리형은 2-5절 데이터형에서 설명한다.

 ## 정리

비교연산자에 관해 알아봤다. 이 비교연산자는 3장에서 설명하는 조건 분기와 긴밀히 연결되어 있다. 아직 이해가 되지 않은 부분이 있다면 다시 읽으면서 의문을 확실히 해결하고 진행하기 바란다.

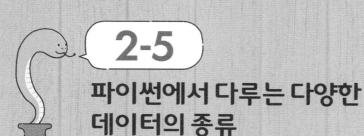

2-5

파이썬에서 다루는 다양한 데이터의 종류

데이터형

데이터는 한글이나 영어로 된 문장, 물건의 길이나 개수를 나타내는 숫자 등 세상에 존재하는 다양한 정보를 뜻한다. 파이썬에도 그러한 데이터를 다룰 수 있도록 여러 가지 자료형이 존재한다.

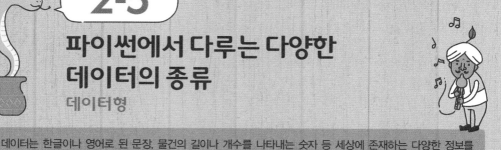

프로그램에서 데이터를 효과적으로 다루기 위해 데이터형(데이터 타입)이라는 것이 있다. 다양한 데이터형이 있는데, 여기서는 중요한 6가지를 소개하겠다. 먼저, 수치형과 문자열형을 소개하고, 이어 논리형, 리스트형, 사전형, 집합형을 소개하겠다.

데이터형이란?

파이썬에서 데이터를 다루기 위해서는 먼저, 데이터형을 알아야 한다. 데이터형이란 무엇이고 왜 필요한지 다음 이야기를 통해 감을 잡아 보자.

이 버섯은 어떤 버섯?

등산을 하던 중에 버섯을 발견하였다. 그런데 이 버섯이 식용인지, 약용인지, 독버섯인지 알 수가 없었다. 그래서 아쉽지만 이 버섯을 내버려 두고 그대로 산에 올라갔다.

이 예에서는 버섯이라는 것을 알았어도 어떤 특징을 가지는 버섯인지 몰라서 아무것도 할 수 없었다. 버섯은 데이터, 먹을 수 있는지와 같은 특징은 데이터형에 해당한다.

즉, 데이터를 프로그램에 전달해도 그 데이터가 어떤 종류의 데이터인지 프로그램에게 알려 주지 않으면 프로그램은 전달받은 데이터를 어떻게 처리해야 할지 알지 못한다.

아직 감이 안 올 수 있지만, 구체적으로 데이터형을 하나씩 살펴보자. 가장 직관적이라 할 수 있는 수치형과 문자열형을 먼저 알아본다.

 수치형

1, 2, 10과 같은 숫자를 다루는 데이터형이 수치형이다. 수치형 데이터끼리는 더하기, 빼기 등의 연산을 할 수 있다. 숫자를 문자열로 다루는 경우도 있는데(➡ p.67) 이때는 산술적인 의미에서 더하거나 뺄 수 없다.

수치형에는 세 가지 종류가 있다. 정수(integer), 부동소수점(소수), 복소수다. 정수는 int, 부동소수점(소수)은 float, 복소수는 complex라고 한다.

◆ 정수

정수(integer)는 소수점을 갖지 않는 숫자다. 다음 프로그램에서 34나 56, 더한 결과인 90이 정수형 타입이다. 55라는 정수를 대입한 변수 number도 정수 타입의 수치형으로 다뤄진다.

```
>>> 34 + 56 ↵
90
>>> number = 55 ↵
```

◆ 부동소수점(소수)

부동소수점이라는 용어는 익숙하지 않을 수도 있는데, 지금은 소수와 같은 의미라고 간주해도 좋다. 3.5와 같이 소수점이 들어간 숫자를 파이썬에서는 부동소수점으로 다룬다. 예를 들어, 다음 프로그램에서 부동소수점으로 다뤄지는 것은 3.4와 덧셈 결과인 8.4, 그리고 5를 2로 나눈 결과인 2.5다.

```
>>> 5 + 3.4 ↵
8.4
>>> 5 / 2 ↵
2.5
```

◆ 복소수

복소수(칼럼 '복소수' ➡ p.50)를 파이썬에서 표시할 때는 허수부를 j 혹은 J로 표현하고, 허수부의 계수가 1일 때도 1이라는 숫자를 생략하지 않는다. 같은 수치형인 정수나 소수와 계산을 할 수 있다. 다음 예에서 변수 complex의 데이터 타입이 복소수다.

```
>>> complex = 5 + 5j ↵
>>> complex + (3 + 1j) ↵
(8+6j)
```

문자열형

문자열형이란, 말 그대로 문자열을 다루는 데이터형이다. 문자들을 작은따옴표(') 혹은 큰따옴표(")로 둘러싸서 문자열형을 지정할 수 있다. 예를 들어, 변수 message에 문자열 "축하합니다!"를 대입한 경우에 변수 message는 문자열형이 된다.

```
>>> 'happy birthday!!' ↵
'happy birthday!!'
>>> message = "축하합니다!" ↵
```

그리고 작은따옴표를 세 개 혹은 큰따옴표를 세 개 연속하여 붙이면 복수행의 문자열을 만들 수 있다. 내용 중에 ₩n은 개행을 뜻하는 기호(개행 코드)다.

```
>>> ''' ↵
... Sunday ↵
... Monday ↵
... Tuesday ↵
... ''' ↵
'₩nSunday₩nMonday₩nTuesday₩n'
```

 ## 문자열형과 산술연산자

수치형은 산술연산자(+, -, *, /, %, **)를 사용하여 수치 계산을 할 수 있다. 실은 문자열형도 +와 *를 사용하여 문자열을 조작할 수 있다.

◆ +를 사용한 문자열 조작

문자열형에 산술연산자 +를 사용하여 문자열들을 연결할 수 있다. 시험 삼아 thunder라는 문자열형과 bolt라는 문자열형을 더해 보자.

```
>>> 'thunder' + 'bolt' ↵
'thunderbolt'
```

그러면 두 문자열이 연결되어 thunderbolt라는 하나의 문자열이 된다.

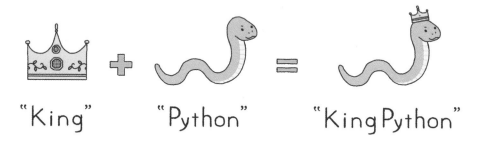

“King” + “Python” = “KingPython”

또한, 문자열형과 + 기호를 사용하여 연결할 때는 문자열형 간에만 가능하다. 문자열형과 수치형을 +로 연결하려 하면 다음과 같이 에러가 발생한다.

```
>>> 'thunder' + 100 ↵
Traceback (most recent call last):
  File "<stdin>", line 1, in <module>
  TypeError: Can't convert 'int' object to str implicitly
```

♦ *을 사용한 문자열 조작

수치를 계산할 때 *은 곱셈을 뜻하는 기호였다. 문자열형 데이터에 숫자를 곱하면 문자열이 반복된 데이터를 얻을 수 있다. 예를 들면, hunter라는 문자열형에 수치형 2를 곱하면 다음과 같이 된다.

```
>>> 'hunter' * 2 ↵
'hunterhunter'
```

hunter라는 문자가 두 번 반복되어 hunterhunter라는 문자열이 되었다. 각자 좋아하는 문자열과 숫자로 테스트해 보기 바란다. 그런데 * 연산자를 사용할 때 문자열형과 수치형 간에 사용하지 않으면 에러가 발생하므로 주의한다.

```
>>> 'dragon' * 'head' ↵
Traceback (most recent call last):
  File "<stdin>", line 1, in <module>
  TypeError: can't multiply sequence by non-int of type 'str'
```

문자열형 간에 곱셈이 불가능한 것은 문자열형과 수치형이 +로 연결될 수 없는 것과 비교하여 더 쉽게 이해된다. dragon과 head를 곱하면 어떤 결과가 나와야 하는지는 프로그램에게는 (물론 작성한 사람에게도) 알기 어렵다.

◆ 수치형과 문자열형은 어째서 나뉘었는가?

수치형을 설명할 때 숫자는 수치형뿐 아니라 문자열형으로도 다루고 싶은 경우가 있다고 설명했다. 구체적으로 예를 들어 보겠다. 전화번호는 수치형이 적절할까? 아니면 문자열형이 적절할까?

답은 **문자열형**이다. 왜냐하면 전화번호의 숫자는 더하거나 뺄 일이 없기 때문이다. 마찬가지로 주소에 쓰이는 '5번지'의 5라는 숫자도 문자열로 프로그램에 전달해야 한다. '5번지'에 1을 더해서 다른 사람의 주소를 구하는 일은 현실적으로 생각하기 어렵다. 'X번지'의 X는 주소를 구별하기 위해 존재하는 숫자로서 더하거나 빼는 수치적인 의미는 없다고 볼 수 있다.

즉, 그 용도에 맞게 데이터형을 선택해야 한다. 데이터형에 따라 그 데이터에 적용할 수 있는 기능이 다르기 때문이다. 수치형의 경우, 산술연산과 비교연산 등을 쉽게 수행할 수 있다. 한편 문자열형에도 그 나름의 기능이 준비되어 있는데, 구체적으로 다음과 같다.

♦ 문자열형의 편리한 기능

문자열형 데이터의 문자들을 전부 대문자로 바꿔 주는 upper()라는 이름의 기능이 있다.

```
>>> text = 'hello' ↵
>>> text.upper() ↵
'HELLO'
```

첫 번째 줄에서는 소문자로 구성된 hello라는 문자열을 text라는 변수에 대입했다. 두 번째 줄에서는 변수 text 뒤에 .upper()라고 썼다. 그러자 변수 text에 있는 문자열이 전부 대문자가 되어 세 번째 줄에 출력되었다. 반대로 소문자로 바꾸려면 lower()를 사용하면 된다.

이외에도 지정한 문자가 몇 개 있는지 세는 count()라는 이름의 기능도 있다. count()의 () 안에 세고 싶은 문자를 넣어서 사용한다.

```
>>> word = 'maintenance' ↵
>>> word.count('n') ↵
3
```

첫 번째 줄에서 maintenance라는 문자열을 변수 word에 대입했다. 그리고 두 번째 줄에서 word 뒤에 .count('n')을 썼다. 그러자 maintenance에 'n'의 개수를 세어 3이 출력되었다.

이처럼 데이터형이 가지는 기능을 메소드라고 한다. 메소드의 의미는 뒤에서 자세히 다룬다.

 논리형

논리형이라고 하면 어려울 것 같은 느낌을 받는다. 같은 데이터형이지만, 먼저 배운 수치형이나 문자열형과는 다소 다른 점이 있다. 논리형에는 True와 False 두 가지 값밖에 없다. 이 논리형은 2-4절 비교연산자에서 배운 바로 그 True/False다. 참은 True, 거짓은 False다. 이 논리형은 bool형이라고도 한다. 처음 듣는 독자도 있을 텐데 일단은 머릿속에 새겨 놓도록 하자.

이 논리형을 사용할 때는 True도 False도 첫 글자는 대문자인 것에 주의한다. 첫 글자를 소문자로 하면 프로그램이 논리형으로 인식하지 않는다.

```
>>> 46 < 49 ↵
True
>>> 46 > 49 ↵
False
```

 리스트형

리스트형도 지금까지 배운 것과 조금 다른 데이터형이다. 리스트형의 메소드를 사용하면 복수의 데이터를 하나로 묶을 수 있다. 프로그램을 만들다 보면 많은 데이터를 다루게 되는 경우가 있는데 데이터를 하나로 묶어서 다루면 편리한 점이 많다.

리스트 형은 다음과 같이 사용한다. 묶고 싶은 데이터를 쉼표(,)로 구분하여 대괄호([])에 넣는다.

[57, 'banana', 'apple']
수치형   문자열형   문자열형

그림 **수치형과 문자열형을 하나로 묶기**

여러 데이터를 하나로 묶은 리스트형 데이터는 다른 데이터형과 마찬가지로 변수에 대입할 수 있다.

```
>>> Agroup = ['lee', 'kim'] ↵
>>> Bgroup = ['jang', 'han'] ↵
```

리스트형은 단순히 데이터를 묶는 것 이외에 다양한 편리 기능을 가지고 있다. 몇 가지 소개하는데, 이것들을 전부 외울 필요는 없다. 이는 다른 항목에 대해서도 마찬가지인데, 이런 것이 있다는 것을 알아두고 필요할 때 찾아서 사용할 수 있으면 된다.

◆ 리스트에 요소 추가

리스트(리스트형 변수)에 데이터를 추가하는 방법을 설명하겠다.

🍲 그룹에 가입하기/탈퇴하기

Agroup이라는 단체를 예로 들어 보자. Agroup은 최초에는 lee와 kim 둘이서 만든 콤비였다. 여기에 새 멤버 park을 추가하여 트리오로 만들어 보자.

```
>>> Agroup = ['lee', 'kim'] ↵
>>> Agroup.append('park') ↵
>>> Agroup ↵
['lee', 'kim', 'park']
```

먼저, 첫 번째 줄에서 lee와 kim 두 명을 리스트형으로 Agroup 변수에 대입했다. 그 후, park을 추가하기 위해 append라는 메소드를 사용했다.

각각의 데이터형에는 미리 준비된 메소드들이 있어 이를 이용하여 데이터를 조작할 수 있다. 메소드를 사용하기 위해서는 두 번째 줄에서처럼 변수와 데이터형의 메소드를 점(.)으로 연결하면 된다. append는 추가한다는 뜻의 영어다. 이름에 맞는 기능이라는 것을 알 수 있다. 세 번째 줄에서 Agroup의 데이터를 확인해 보니 park도 Agroup에 추가된 것을 알 수 있다.

◆ 리스트 요소의 제거

리스트 데이터에 요소를 추가하는 메소드를 소개했다. 이번에는 제거하는 메소드를 알아보자.
바로 remove다.

```
>>> Agroup = ['lee', 'kim', 'park'] ↵
>>> Agroup.remove('kim') ↵
>>> Agroup ↵
['lee', 'park']
```

세 명으로 구성된 Agroup을 만들고 거기서 kim을 빼려면 두 번째 줄과 같이 remove 뒤 괄호
안에 빼고 싶은 요소의 이름을 적으면 된다. remove를 실행한 후 Agroup의 내용을 출력해 보
면 kim이 빠진 것을 확인할 수 있다.

◆ 리스트 안 요소의 순서 바꾸기

리스트 안에 있는 데이터를 정렬하는 메소드가 있다. 바로 sort다.

```
>>> Agroup = ['lee', 'kim', 'park'] ↵
>>> Agroup.sort() ↵
>>> Agroup ↵
['kim', 'lee', 'park']
```

리스트의 데이터들이 알파벳순으로 정렬되었다. 다음과 같이 숫자 데이터도 정렬할 수 있다.

```
>>> test_result = [87, 55, 99, 50, 66, 78] ↵
>>> test_result.sort() ↵
>>> test_result ↵
[50, 55, 66, 78, 87, 99]
```

test_result 안에 데이터가 작은 순으로 정렬되었다. 편리한 기능이지만, 리스트 안에 수치형 데이터와 문자열형 데이터가 섞여 있으면 에러가 발생하니 주의하도록 한다. 에러가 발생하는 이유는 알파벳과 숫자를 비교할 때 프로그램이 어떤 것을 먼저 나열해야 할지 알 수 없기 때문이다. 정렬을 해야 하는 경우에는 동일한 데이터형을 담도록 주의한다.

```
>>> mix_list = [85, 'lee', 'park', 100] ↵
>>> mix_list.sort() ↵
Traceback (most recent call last):
  File "<stdin>", line 1, in <module>
  TypeError: unorderable types: str() < int()
```

 ## 사전형

사전형이라는 데이터형을 소개하겠다. 사용법을 소개하기 전에 왜 사전이라는 이름이 붙었는지를 먼저 설명하겠다. 예를 들어, 국어사전에는 단어와 그 의미가 다음과 같은 형식으로 쓰여 있다.

사과나무: 장미과의 낙엽 교목. 잎은 어긋나고 타원형 또는 달걀 모양으로 톱니가 있다. …

.

.

.

컴퓨터: 전자 회로를 이용한 고속의 자동 계산기. 숫자 계산, 자동 제어, 데이터 처리, 사무 관리, 언어나 영상 정보 처리 따위에 광범위하게 이용된다.

.

.

.

그림 사전의 예

사전을 사용할 때는 의미를 알고 싶은 단어를 색인에서 찾은 후 해당 설명이 있는 페이지를 열어서 확인하는 식으로 사용한다. 파이썬의 사전형도 비슷해서 색인과 데이터를 묶어서 독자적인 사전을 구성하는 식이다. 파이썬에서는 이 색인을 **키(key)**라고 하고, 키에 대응하는 데이터를 값(value)이라고 한다. 복수의 데이터를 묶어서 저장한다는 점은 리스트형과 비슷하지만,

사전형은 색인과 내용이 하나의 쌍으로 되어 있는 점이 가장 큰 특징이다. 서식은 다음과 같다. 색인에 해당하는 데이터와 대응하는 데이터를 콜론(:)으로 연결하여 각각의 쌍을 쉼표(,)로 구별하여 중괄호({})로 묶으면 사전형이 된다.

서식

```
{색인1:데이터1, 색인2:데이터2, ···}
```

실제 프로그램에서는 다음과 같이 쓴다.

```
{'1stClass': 65, '2ndClass':55, '3rdClass':45}
```

다음은 동아리 활동을 많이 하는 사람의 스케줄을 사전형 데이터로 표현해 봤다. 요일을 키, 동아리 활동을 데이터로 구성했다.

Console

```
>>> activities = {'Monday':'농구', 'Tuesday':'자전거', 'Wednesday':'밴드',
        'Friday':'수영'} ↵
```

Enter를 눌러도 아무것도 표시되지 않지만, 내부적으로 사전이 만들어졌다. 이 사전으로부터 요일에 근거하여 데이터를 꺼내 보자. activities 변수의 [] 안에 요일, 'Tuesday'나 'Friday' 같은 키(key)를 입력한 후 Enter를 누른다.

Console

```
>>> activities['Tuesday'] ↵
'자전거'
>>> activities['Friday'] ↵
'수영'
```

각각의 키(요일)에 해당하는 동아리 활동이 표시되었다.

♦ 사전형에 준비된 메소드

리스트형에는 데이터를 정렬하거나 요소를 넣고 빼는 메소드가 있었는데 사전형에도 마찬가지로 몇 개의 메소드가 준비되어 있다.

예를 들면, 사전형 뒤에 .keys()를 연결하면 색인에 해당하는 키가 전부 표시된다. 마찬가지로 values()를 연결하면 값(value)에 해당하는 데이터가 전부 표시된다.

```
>>> activities.keys() ↵
dict_keys(['Wednesday', 'Friday', 'Tuesday', 'Monday'])
>>> activities.values() ↵
dict_values(['밴드', '수영', '자전거', '농구'])
```

🎵 튜플형

튜플(tuple)이라는 단어를 처음 듣는 독자도 있을 것이다. 그다지 흔히 사용되는 단어는 아닌데, 이 튜플은 파이썬만의 용어는 아니고, 복수의 요소로 구성된 하나의 그룹을 뜻하는 단어다. 튜플을 모르는 사람도 더블이나 트리플은 들어 봤을 것이다. 더블은 두 배의 의미이고, 트리플은 세 배의 의미로 쓰이고 있다. 네 배 이상에도 각각 이름이 있지만, 단순히 네 배는 4튜플, 다섯 배는 5튜플이라 부를 수 있다. 튜플은 한글로는 '그룹'이고 더블이나 트리플에 가까운 단어라는 것을 기억해 두자. 이 튜플형은 앞서 살펴본 리스트형과 매우 비슷하다. 서식은 다음과 같다.

> **서식**
>
> (요소A, 요소B, 요소C, ···)

이처럼 복수의 요소를 쉼표(,)로 구분하여 ()로 감싼 것이 튜플형이다.

◆ 튜플형의 특징

튜플형은 리스트형처럼 다양한 데이터형을 하나로 묶어 주는 기능을 가진다.

```
>>> tuple_sample = ('apple', 3, 90.4) ↵
>>> print(tuple_sample) ↵
('apple', 3, 90.4)
```

리스트형과의 차이점은 한 가지다. 튜플형은 만든 후[11] 바꿀 수 없다. 아이스크림의 맛을 예로 들어 보자. 리스트형은 다음과 같이 사용할 수 있다.

```
>>> flavor_list = ['민트', '초코', '딸기', '바닐라'] ↵          정의
>>> flavor_list[0] = '바나나' ↵
>>> print(flavor_list) ↵
['바나나', '초코', '딸기', '바닐라']
```

네 개의 요소로 리스트형 변수 **flavor_list**를 만든 후 민트를 바나나로 바꾸고,[12] 데이터를 확인해 봤다. 바뀐 데이터가 출력되었다. 같은 작업을 튜플형으로 실행해 보면 다음과 같이 에러가 발생한다.

```
>>> flavor_tuple= ('민트', '초코', '딸기', '바닐라') ↵
>>> flavor_tuple[0] = '바나나' ↵
Traceback (most recent call last):
  File "<stdin>", line 1, in <module>
  TypeError: 'flavor_tuple' object does not support item assignment      에러 메시지
>>> print(flavor_tuple) ↵
('민트', '초코', '딸기', '바닐라')
```

---

[11] 변수를 만드는 것을 '정의한다'고 표기하기도 한다.

[12] 리스트의 요소는 왼쪽에서부터 0,1,2,3…과 같이 숫자를 지정한다.

에러의 내용은 '튜플형은 새로운 요소를 추가하는 것이 지원되지 않는다'는 것이다. 이것이 튜플형의 첫 번째 특징이다. 튜플형의 두 번째 특징은 사전형 데이터의 키로 사용될 수 있는 점이다. 리스트형은 키로 사용할 수 없는데 실제 프로그램을 통해 확인해 보자. 이번 예에서는 사전형과 리스트형과 튜플형, 이렇게 세 개를 사용하므로 헷갈리지 않도록 주의한다.

```
>>> diary = {} ↵
>>> key = ('kamata', '08-01') ↵
>>> diary[key] = '70kg' ↵
>>> print(diary) ↵
{('kamata', '08-01'): '70kg'}
```

먼저, 첫 번째 줄에서 diary라는 이름의 비어 있는 사전형 데이터를 만들었다. 이어 변수 key에 튜플형 데이터('kamata', '08-01')를 대입하였고, 이 튜플형 데이터를 키로, '70kg'이라는 문자열형을 값(value)으로 사전형 데이터에 등록하였다. 튜플을 사용하여 이름과 날짜의 요소를 묶어서 키로 설정한 것이다. 리스트형으로 같은 동작을 시도해 보자.

```
>>> diary = {} ↵
>>> key = ['nakata', '08-01'] ↵
>>> diary[key] = '50kg' ↵
Traceback (most recent call last):
  File "<stdin>", line 1, in <module>
  TypeError: unhashable type: 'list'
```

리스트형 데이터 ['nakata', '08-01']를 키로, '50kg'라는 값을 사전형 데이터에 등록하려 하니 에러가 발생했다. 이처럼 사전의 키로 튜플형은 사용할 수 있지만, 리스트형은 사용할 수 없다. 그 이유는 튜플형의 첫 번째 특징과 관련되어 있다. 사전형 데이터의 키는 변경할 수 없는 데이터형만 등록할 수 있다. 사전의 키가 자주 변경되면 좋지 않다는 이유에서다.

튜플형을 사용하면 복수의 데이터를 조합해서 키를 설정할 수 있다. 이번에 든 예에서의 경우 이름과 일자의 조합으로 체중 데이터를 조회할 수 있다. 이름과 일자로 체중 데이터를 얻는 코드는 다음과 같다.

```
>>> diary['kamata', '08-03']  ↵
'72kg'
>>> diary['nakata', '08-09']  ↵
'58kg'
>>> diary['nakata', '08-04']  ↵
'53kg'
```

 ## 집합형

집합형은 리스트형이나 튜플형처럼 복수의 데이터를 하나로 묶어서 다루는 것이 가능한 데이 터형이다. 비슷한 느낌의 데이터형이 이어지니 헷갈리지 않도록 주의한다. 집합형은 사전형과 같이 중괄호({})를 사용하여 리스트형이나 튜플형처럼 요소를 나열하여 정의한다.

```
>>> candy = {'delicious', 'fantastic'}  ↵
>>> print(candy)  ↵
{'delicious', 'fantastic'}
```

또, set 함수를 사용하여 집합형 데이터를 만들 수도 있다.

```
>>> candy = set('delicious')  ↵
>>> print(candy)  ↵
{'d', 'u', 's', 'l', 'e', 'o', 'c', 'i'}
```

delicous라는 문자열을 set 함수에 전달하여 1문자씩 분리된 집합형 데이터가 만들어졌다. 출력해 보면 순서가 뒤죽박죽인데, 이것은 집합형 데이터는 순서를 저장하지 않는다는 특징에 따른다. 그리고 잘 보면 delicious에 두 개 들어 있는 i가 하나밖에 없다. 이것은 중복되는 데 이터를 가지지 않는다는 특징에 따른 것이다.

◆ set 함수 사용으로 집합형 정의

set 함수를 사용해도 문자 단위로 분리되지 않도록 하려면 리스트형에 정리한 후 set에 전달 하면 된다.

```
>>> flavor = ['apple', 'peach', 'soda']
>>> candy = set(flavor)
>>> candy
{'peach', 'apple', 'soda'}
>>> candy.update(['grape'])
>>> candy
{'peach', 'apple', 'grape', 'soda'}
```

변수 flavor에 세 가지 맛을 담은 리스트를 대입했다. 두 번째 줄에서 그 리스트를 set 함수에 넘겨서 변수 candy를 만들었다. candy를 출력해 보면 첫 번째 줄에서 리스트형을 정의할 때 []로 감싼 것이 {}로 바뀐 것과 각 요소가 분리되지 않고 각각 존재하는 것을 알 수 있다. 이 집합형에 새로운 데이터를 추가하고 싶으면 다섯 번째 줄에서처럼 update를 사용하여 []로 감싼 리스트형을 넘기면 된다. 이처럼 추가할 때도 리스트형을 넘겨야 한다. 리스트형으로 추가하지 않으면 전처럼 문자 단위로 분리되어 추가된다.

♦ 집합형의 편리한 사용법 첫 번째 — 중복 제거

집합형의 첫 번째 특징인 '동일한 데이터를 가지지 않는다'는 성질을 활용하는 방법을 소개하겠다. 여러분은 '음악 재생 목록에서 중복된 곡을 없애고 싶다' 혹은 '메일 리스트에서 중복된 메일을 없애고 싶다'와 같이 중복된 데이터를 리스트에서 없애고 싶은 적이 있었을 것이다.

파이썬에서 복수의 데이터를 다룰 때는 주로 리스트형을 사용한다. 그런데 리스트형에는 중복된 데이터가 있을 수도 있다. 중복된 데이터를 없애고 싶은 경우에는 리스트형의 데이터를 집합형으로 변환하고 다시 리스트형으로 변환하는 방법을 사용한다.

```
>>> flavor = ['apple', 'soda', 'chocolate', 'apple', 'grape', 'grape',
              'soda']
>>> flavor_set = set(flavor)
>>> print(flavor_set)
{'grape', 'soda', 'apple', 'chocolate'}
>>> flavor = list(flavor_set)
>>> print(flavor)
['grape', 'soda', 'apple', 'chocolate']
```

첫 번째 줄에서 apple이 두 개, soda가 두 개, grape가 두 개 있어 중복이 있는 데이터를 변수 flavor에 대입했다. 그 뒤 두 번째 줄에서 set 함수를 사용하여 flavor_set이라는 집합형 데이터로 변환했다. 세 번째 줄에서 flavor_set에 들어가 있는 데이터를 print 함수로 표시해 보면 중복된 데이터가 없어진 것을 알 수 있다.

더 자세히 보면 순서도 바뀌어 있다. 이때 flavor_set은 집합형으로 되어 있다. 리스트형으로 다루고 싶어 다섯 번째 줄에서 다시 리스트형으로 변환시켰다. 이때 사용한 것이 list()다. 집합형으로 변환하는 set 함수와 같은 사용법으로 리스트형으로 변환할 수 있다. 다시 변수 flavor를 print 함수로 표시하면 중복이 없어진 리스트형이 된 것을 확인할 수 있다.

♦ 집합형의 편리한 사용법 두 번째 — 복수 데이터 간의 계산

집합형의 또 다른 큰 특징은 집합형들 간의 차집합이나 교집합을 쉽게 구할 수 있다는 점이다. 실제 예를 통해 설명하겠다. 다음과 같이 입력해 본다.

```
>>> flavor_set_A = {'apple', 'peach', 'soda'}
>>> flavor_set_B = {'apple', 'soda', 'chocolate'}
>>> flavor_set_A - flavor_set_B
{'peach'}
>>> flavor_set_A & flavor_set_B
{'apple', 'soda'}
```

첫째 줄과 둘째 줄에서 flavor_set_A와 flavor_set_B, 두 개의 집합형을 정의했다. 셋째 줄에서 그 둘 간의 뺄셈을 수행했다.

```
flavor_set_A - flavor_set_B
```

이 계산이 수행하는 처리는 flavor_set_A에서 flavor_set_B와의 공통 데이터를 뺀 결과를 표시하는 것이다. 즉, flavor_set_A에서 공통 데이터인 apple과 soda를 제외한 데이터를 표시하는 것이다. 그러면 flavor_set_B에서 flavor_set_A를 빼면 어떻게 될까? 한번 생각해 보고 실제로 실행해 보기 바란다. 다섯째 줄에서는 flavor_set_A와 flavor_set_B에 대해 &라는 연산을 수행했다.

```
flavor_set_A & flavor_set_B
```

이 계산이 수행하는 처리는 flavor_set_A와 flavor_set_B 사이의 공통 데이터를 표시하는 것이다. 이처럼 집합형들 간에 여러 연산을 수행할 수 있는데, 이때 어떤 경우에도 데이터 자체는 변하지 않는다.

표 집합형에서 사용할 수 있는 기호와 기능(일부 발췌)

기호	기능
A <= B	B에 A의 모든 요소가 포함되는지 조사
A >= B	A에 B의 모든 요소가 포함되는지 조사
A | B	A와 B에 포함된 모든 요소를 가진 새로운 집합형 변수를 생성
A & B	A와 B에 공통으로 포함되는 요소를 가진 새로운 집합형 변수를 생성
A - B	A에는 포함되는데 B에는 포함되지 않는 요소를 가진 새로운 집합형 변수를 생성
A ^ B	A와 B중 한 쪽밖에 포함되지 않는 요소를 가진 새로운 집합형 변수를 생성

 정리

지금까지 배운 데이터형에 대해 정리해 보자.

◆ 수치형

▶ 정수

```
data_type_integer = 89
```

소수점 등을 사용하지 않고 숫자만을 쓰면 정수(integer)로 취급된다.

▶ 부동소수점형

```
data_type_float = 0.89
```

소수점이 있는 숫자는 부동소수점으로 인식되어 취급된다.

▶ 복소수

```
data_type_complex = 8+9j
```

j를 사용하여 복소수의 허수부를 표현한다.

◆ 문자열형

```
data_type_string = 'luckey 7'
data_type_string = "luckey 7"
```

작은따옴표(')혹은 큰따옴표(")로 감싸진 문자는 문자열형으로 취급된다.

◆ 리스트형

```
data_type_list = ['카페오레', '카페모카', 980]
```

대괄호([])를 사용하여 요소들을 담는다.

◆ 사전형

```
data_type_dictionary = {1:'January', 2:'February', 3:'March'}
```

중괄호({})를 사용하여 키와 값 쌍들을 정의한다.

◆ 튜플형

```
data_type_tuple = ('닭', '소', '돼지')
```

소괄호(())를 사용하여 요소를 담는다.

◆ 집합형

```
data_type_set = {'Python', 'Ruby', 'PHP'}
```

중괄호({})를 사용하여 요소를 담는다.

```
data_type_set = set(['Python', 'Ruby', 'PHP'])
```

함수 set()을 사용하여 정의할 수도 있다.

Chapter 3

프로그래밍의 기본편: 구조적 프로그래밍

이번 장에서는 파이썬의 구조적 프로그래밍에 관해 알아볼 것이다. 프로그래밍을 처음 배운다면 새로운 개념을 많이 접하게 될 것이다. 쉽지 않을 수 있지만, 하나씩 이해해 나가면 무리 없이 익힐 수 있다. 이 장의 내용을 이해하면 간단한 프로그램을 직접 작성할 수 있게 된다.

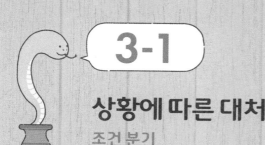

3-1

상황에 따른 대처
조건 분기

이번 절에서는 조건 분기에 대해 알아볼 것이다. 조건 분기를 사용하면 프로그램으로 표현할 수 있는 것이 크게 늘어난다.

조건 분기란?

조건 분기라는 단어는 다소 딱딱한 느낌이 든다. 좀 더 쉽게 풀어쓰면 프로그램이 상황에 따라 다르게 처리하도록 하는 기능이다. 우리도 일상생활에서 상황에 따라 다른 대응을 하고 있는데, 다음 예를 생각해 보자.

평범한 일상의 한 장면

나는 퇴근길에 뭔가 달콤한 것이 먹고 싶어 편의점에 들렀다. 맛있는 케이크가 4200원에 판매되는 것을 보고 구입하려 했지만, 지갑 속에 3000원밖에 없다는 것이 생각나 다시 선반 위에 돌려 놓았다. 주위를 둘러보다 2000원짜리 맛있어 보이는 푸딩과 눈이 마주쳤다. 오늘은 이것으로 하자고 생각했지만, 다시 생각해 보니 낮에도 푸딩을 먹었다. 결국 1200원짜리 요구르트를 샀다.

조건 분기를 설명하기 위해 우리 일상에서 일어날 수 있는 일을 간단히 서술해 보았다. 여러분도 편의점이나 가게에서 비슷한 순간을 마주한 적이 있을 것이다. 에피소드 속에서 내가 '생각한 것'과 '실행한 것'만을 추려 보면 다음과 같다. 한번 각 ○○○의 내용을 채워 보자.

▶ 만약 지갑 속에 ○○○원 이상 있었으면 ○○○을 샀을 것이다
▶ 만약 점심에 ○○○을 먹지 않았으면 ○○○을 샀을 것이다
▶ ○○○도 ○○○도 사지 않은 대신에 ○○○을 샀다

정답은 다음과 같다.

▶ **만약 지갑 속에 4200원 이상 가지고 있었으면 케이크를 샀을 것이다**

▶ **만약 점심에 푸딩을 먹지 않았으면 푸딩을 샀을 것이다**

▶ **케이크도 푸딩도 사지 않은 대신에 요구르트를 샀다**

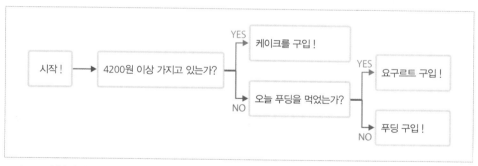

그림 조건 분기의 예

이 절에서 설명할 '조건 분기'를 사용하면 그림에서 YES/NO의 부분, 즉 '만약 YES라면 이렇게 한다', 'NO면 이렇게 한다', 다시 말해 '만약 ○○라면 ××한다'와 같은 것을 프로그램에 지시할 수 있게 된다.

조건 분기 사용법

파이썬에서 '만약 ××하면 ▽▽한다'를 표현하기 위해서는 if라는 키워드를 사용한다.

형식

```
if xx:
    tab  ▽▽
```

여기서 `tab`이라고 쓰인 부분에서 `Tab`을 누르거나 스페이스를 네 개[13] 넣어야 한다. 이렇게 문장의 앞부분에 스페이스를 넣는 것을 인덴트(indent)라고 한다. 인덴트는 if문이나 이후 설명할 반복문 등에서 반드시 넣어야 하며, 그렇지 않으면 에러가 발생한다.[14]

영화 티켓 발매 현장 ~영화 등급 시스템 1~

조건 분기 처리를 설명하기 위해 일상생활의 한 장면을 프로그램으로 만들어 본다고 생각하자. 먼저, 영화는 영화 등급 시스템이라는 것이 있어 감상할 수 있는 대상 연령이 제한된다. 여기서는 R18+, 즉 18세 미만의 관람을 금지하는 영화 티켓을 판매하는 현장을 생각해 볼 것이다. 티켓을 사러 온 사람의 나이를 확인하여 18세 이상이면 티켓을 팔고, 그렇지 않은 경우에는 팔지 않는다.

이러한 조건을 방금 설명한 '만약 ××라면 ▽▽한다'에 적용하면 '만약 나이가 18세 이상이면 표를 판다'가 된다. 이를 if문으로 표현해 보면 다음과 같다.

---

[13] 스페이스의 수는 반드시 네 개가 아니라도 에러가 발생하지는 않는다. 그러나 가독성을 위해 네 개를 넣는 것이 관례처럼 되었다.

[14] 이 책에서는 알기 쉽게 인덴트를 tab으로 통일했는데, 실제 코딩할 때에는 스페이스의 사용을 권장한다(➡ p.201).

```
if (18세 이상):
tab 티켓을 판다
```

여기서 한글로 된 부분을 프로그래밍 언어로 만들어 보자. 우선, if(18세 이상). '18세 이상'을 표현하기 위해서는 비교연산자를 사용한다(2-4절 '비교연산자' ➡ p.59). 티켓을 사러 온 사람의 나이는 변수 age로 한다. '티켓을 판다'라는 처리는 print 함수로 '티켓을 판다'라고 출력하는 것으로 간단히 대체하겠다. 그러면 다음과 같이 된다.

```
if (18 <= age):
tab print('티켓을 판다')
```

실제 파이썬의 인터랙티브 셀에서 실행해 보자. 콘솔(명령 프롬프트 혹은 터미널)을 열어서 'python'(맥에서는 'python3')을 입력하고, 인터랙티브 셀을 실행하여 다음과 같이 입력한다.

```
>>> age = 29 ↵ •                          ──────────── 손님의 나이를 29로 하여 변수 age에 대입
>>> if (18 <= age): ↵ •                    ──── 여기서 조건 분기. age가 18보다 크면 밑에 문장 수행
... tab print('티켓을 판다') ↵ •             ──────────────────── '티켓을 판다'라는 문장이 표시
... ↵ •                              ─── 여기서 한 번 더 Enter를 누르면, 위에 작성한 프로그램이 실행됨
티켓을 판다 •                              ──────────────────────────── 결과가 표시됨
```

이번에는 손님의 나이를 18세보다 어린 15세로 설정해 보자.

Console

```
>>> age = 15 ↵ •                          ──────────── 이번에는 손님의 나이를 15로 함
>>> if (18 <= age): ↵ •                    ──────────── 조건은 동일, 18세 이상인지를 확인
... tab print('티켓을 판다') ↵ •             ──────────── age가 18 이상이면, print함수 실행
... ↵ •                                ──────────────────────────── Enter를 누름
>>> •                                  ──────────── 전과 달리, 아무것도 표시되지 않는다
```

이번에는 아무것도 표시되지 않고 끝났다. 즉, 조건 분기의 조건(18<=age)에 일치하면 if문 밑의 문장이 수행되었고, 그렇지 않으면 실행되지 않았다. 여기서 조건에 일치한다는 것은 '18<=age가 True'라는 것이다.

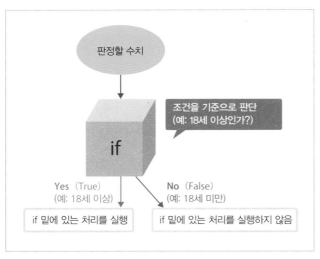

그림 **if의 구조**

다시 정리하자면, if문에서 ()로 지정한 조건이 True(참)일 때에만 그 밑의 코드가 수행된다.

 ## 영화 티켓 발매 현장 ~영화 등급 시스템 2~

R18+의 영화 티켓을 파는 경우에 대해 if문을 사용하여 파이썬 코드로 작성해 봤다. 그런데 앞서 기술한 프로그램에서는 if문의 조건에 맞지 않을 때 아무것도 표시하지 않고 종료했다. 이를 현실에 적용하면 18세 미만의 손님이 R18+의 영화 표를 구하러 매표소에 왔을 때 손님과 티켓 판매원이 서로 침묵하고 있는 것과 같다. 어색한 침묵을 깨기 위해 앞서 기술한 프로그램에 처리를 추가해 보자. if문의 조건에 맞지 않을 때 다른 처리를 실행하려면 else라는 키워드를 사용한다. 다음 서식에 따라 기술한다.

서식

```
if 조건:
tab 조건이 True일 때 실행 [A] ──────────────── [A]
else :
tab 조건이 False일 때 실행 [B] ──────────────── [B]
```

조건이 True이면 [A]를 수행하고, False이면 [A]를 건너뛰어 [B]를 수행한다. 바꿔 말하면, 조건이 True이면 [B]는 실행되지 않고, 조건이 False이면 [A]가 실행되지 않는다. 이를 활용하여 조건에 따라 프로그램을 분기시킬 수 있다. 서식에 맞춰 프로그램을 작성하면 다음과 같다.

```
if (18 <= age):
tab print('티켓을 판다')
else:
tab print('티켓을 팔 수 없습니다')
```

먼저, age가 18세 이상인지를 확인한다.

▸ **18세 이상이면 프로그램은 두 번째 줄 '티켓을 판다'를 표시하고 종료**
▸ **18세 미만이면 프로그램은 네 번째 줄 '티켓을 팔 수 없습니다'를 표시하고 종료**

else를 사용하는 다음 프로그램을 실행해 보자. age는 15세로 설정한다.

```
>>> age = 15 ↵
>>> if (18 <= age): ↵
... [tab] print('티켓을 판다') ↵
... else: ↵
... [tab] print('티켓을 팔 수 없습니다') ↵
... ↵
티켓을 팔 수 없습니다
```

age가 18세보다 작으므로 else: 밑의 줄만 실행되었다. age를 18세 이상으로 설정하고 다시 실행해 보면 '티켓을 판다'가 출력될 것이다.

영화 티켓 발매 현장 ~경로 우대 할인~

지금까지 R18+ 영화 표를 구하러 온 손님의 나이를 확인하고, 18세 이상이거나 아닌 경우의 처리를 분기했다. 여기에 나이를 고려한 처리를 하나 더 추가하고자 한다. 18세를 훨씬 넘어서 60세 이상의 손님에게는 경로 우대 할인의 존재를 알려 주는 로직을 추가해 보자.

이번에 쓰는 것은 elif라는 키워드다. 이 elif를 사용하면 '만약 ~이면'이라는 조건 분기를 여러 차례 사용할 수 있다.

서식

```
if 조건식1 :
    조건식1이 True일 때 실행 ●──────── [A]
elif 조건식2 :
    조건식2가 True일 때 실행 ●──────── [B]
else :
    조건식1과 조건식2가 둘 다 False일 때 실행 ●──────── [C]
```

만약 조건식1이 참이면 [A] 처리가 실행된다. 만약 조건식2가 참이면 [B] 처리가 실행된다. 조건식1도 조건식2도 모두 참이 아니면 [C] 처리가 실행된다.

이를 사용하여 경로 우대 할인을 알려 주도록 프로그램을 수정하면 다음과 같이 된다.

```
if (60 <= age):
tab print ('티켓은 5000원입니다')
elif (18 <= age):
tab print ('티켓은 8000원입니다')
else:
tab print ('티켓을 판매할 수 없습니다')
```

 해설

◆ age가 60 이상일 때

우선, 첫 번째 줄에서 age가 60 이상인지 여부를 확인한다. 만약 60 이상이면 '티켓은 5000원입니다'라고 표시하고 종료한다.

◆ age가 18 이상이고 60 미만일 때

첫 번째 줄에서 60 이상 여부를 확인했는데, age가 60 미만이면 다음으로 세 번째 줄의 조건을 확인하게 된다. 세 번째 줄에서 age가 18 이상이면 '티켓은 8000원입니다'라고 표시하고 종료한다.

◆ age가 18 미만일 때

첫 번째 줄에서 60 이상 여부의 조건을 확인했지만, 60 미만이어서 세 번째 줄의 조건을 확인했다. 세 번째 줄에서는 age가 18 이상 여부를 확인했는데, age가 18보다 작은 경우는 이 조건도 충족하지 않게 된다.

그러면 다섯 번째 줄로 이동한다. 60 이상도 18 이상도 아니므로 '티켓을 판매할 수 없습니다'를 표시하고 종료하게 된다. 실제로 인터랙티브 셸에서 age에 값을 설정하고 시험해 보자.

```
>>> age=70 ↵
>>> if (60<=age): ↵
... tab print ('티켓은 5000원입니다') ↵
... elif (18<=age): ↵
... tab print ('티켓은 8000원입니다') ↵
... else: ↵
... tab print ('티켓을 판매할 수 없습니다') ↵
... ↵
티켓은 5000원입니다
```

생각했던 대로 동작하는지 age의 값을 바꿔 가면서 여러 차례 실행해 본다. elif를 사용해 봤는데 먼저 배운 else는 한 번밖에 쓰지 못하지만, 이 elif는 조건의 수만큼 늘려서 사용할 수 있다. else는 else 이전에 쓰인 if나 elif에서 지정한 조건에 모두 해당되지 않는 경우를 의미하므로 한 번밖에 쓰지 못한다. 반면, elif는 분기하는 조건을 늘리기 위해서 존재하므로 여러 차례 사용할 수 있다. elif를 여러 번 사용하면 대학생 요금, 청소년 요금, 유아 요금과 같이 실제로 있는 여러 조건들을 늘리는 것도 가능하다. 앞으로 파이썬으로 프로그램을 배우고 사용하는 과정에서 조건 분기를 사용하는 상황이 반드시 발생할 것이다. 그때를 대비해서 elif를 꼭 익혀 두기 바란다.

♦ if를 사용할 때 주의할 점

프로그램에서 if를 사용할 때 주의할 점이 한 가지 있다. 바로 조건을 쓰는 순서다. 조건을 쓰는 순서에 따라 처리 순서가 바뀔 뿐 아니라 처리 결과도 달라진다. 예를 통해 살펴보자.

앞서 작성한 경로 우대 할인 프로그램에서는 차례로 '60세 이상 여부', '18세 이상 여부' 그리고 '기타'의 순서로 조건을 확인했다. 이 중 첫 번째 조건인 '60세 이상 여부'와 두 번째 조건인 '18세 이상 여부'의 순서를 바꿔 쓰면 어떻게 될까?

```
>>> age=70 ↵          ●——————————————————— 손님의 나이를 70세로 함
... if (18<=age): ↵                        먼저 18세 이상 여부를 확인
... tab print ('티켓은 8000원입니다') ↵
... elif (60<=age): ↵  ●————————————————— 이어 60세 이상 여부를 확인
... tab print ('티켓은 5000원입니다') ↵
... else: ↵
... tab print ('티켓을 판매할 수 없습니다') ↵
... ↵
티켓은 8000원입니다
```

순서를 바꾼 프로그램에서 변수 age에 70을 대입하고 실행하면 '티켓은 8000원입니다'라고 표시된다. 아무래도 경로 우대 할인 판정을 받지 못한 것 같다. 왜냐하면 프로그램은 위에서 차례로 실행된다는 원칙을 따르기 때문이다. 위에서부터 차례로 실행하니 70세라도 60세라도 '18세 이상 여부'의 조건에 해당된 시점에서 '티켓은 8000원입니다'가 표시되고 마는 것이다. 이처럼 여러 조건으로 분기하는 프로그램을 작성할 때는 조건들의 순서를 잘 고려하지 않으면 생각

했던 대로 프로그램이 돌아가지 않을 수 있으므로 주의하자.

◆ 조건을 개선하기

조건의 순서가 바뀌면 결과가 달라진다고 설명했는데, 이번에는 조건문을 개선하면 순서를 바꿔도 옳은 결과를 돌려보내는 프로그램을 쓸 수 있다는 것을 보여 주고자 한다.

티켓 가격의 조건을 다시 한 번 보자. 60세 이상, 18세 이상, 그 외의 세 가지 조건이다. 이 세 가지 조건이 구분되기 위해 숨겨진 조건이 있다. 무엇일까? 힌트는 다음의 그림에 있다.

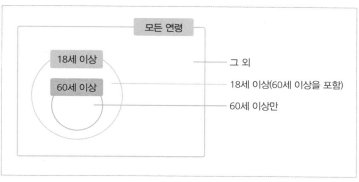

그림　조건을 그림으로 표현

바로 '18세 이상 59세 이하'라는 조건이다. 즉, '60세 이상', '18세 이상 59세 이하', '기타'라고 하는 것이 보다 엄밀한 조건식이 된다. 이것을 프로그램으로 쓰면 다음과 같이 된다.

```
>>> age=70 ↵
>>> if (18 <= age <= 59): ↵
... tab print('티켓은 8000원입니다') ↵
... elif (60 <= age): ↵
... tab print('티켓은 5000원입니다') ↵
... else: ↵
... tab print('티켓을 판매할 수 없습니다') ↵
... ↵
티켓은 5000원입니다
```

첫 번째 조건에 '59세 이하'라는 조건을 추가함으로써 변수 age가 70인 경우에도 제대로 경로 우대 할인 가격 5000원을 손님에게 제시하는 프로그램이 되었다.

조건 분기 처리를 작성할 때에는 조건이 엄밀하게 설정되어 있는지를 한 번 더 생각해서 의도한 대로 정확히 동작하는 프로그램을 만들어야 한다.

 ## 영화 티켓 발매 현장 ~ 5편 보면 1편 할인 ~

영화 매표소 시리즈도 슬슬 끝이 다가왔다. 프로그래밍의 첫 고비인 조건 분기를 익히느라 정신이 없을지 모르겠다. 그래도 이제 곧 한 고비를 넘어서게 되니 조금 더 힘내자.

규모가 큰 영화관에서는 포인트카드로 혜택을 제공하는 경우가 있다. 이번에는 포인트카드를 사용하여 5편의 영화를 보면 1편은 5000원으로 싸게 볼 수 있는 혜택을 조건 분기문으로 나타내 보고자 한다. 먼저, 혜택의 대상이 되는 조건을 정리해 보면 다음과 같다.

- ▶ **손님이 포인트카드를 가지고 있다**
- ▶ **손님이 지금까지 5편의 영화를 봤다**

이 조건을 사용하여 손님이 이번에 볼 영화가 5000원으로 볼 수 있는지 판정하는 프로그램은 다음과 같다.

```
>>> pointcard = True ↵
>>> count = 5 ↵
>>> if (pointcard == True): ↵
... tab if (count == 5): ↵
... tab tab print ('감사합니다. 이번 편은 5000원으로 감상할 수 있습니다') ↵
```

변수 pointcard에는 '포인트카드 소지 여부'가 저장되며, 변수 count에는 '지금까지 이 영화관에서 보았던 영화 편수'가 저장된다. if를 사용하여 우선은 변수 pointcard를 확인한다. 그리고 마찬가지로 if를 사용하여 지금까지 본 영화 편수가 5인지 여부를 확인하여 혜택을 제공한다.

if를 많이 사용하면 어떻게 될까?

이처럼 인덴트(프로그램의 왼쪽 공백)만 잘 넣으면 if문 안에 if문을 사용할 수 있다. 마음만 먹으면 if문 안에 if문을 쓰고, 그 안에 또 if문을 중첩해서 사용할 수도 있다.

하지만 if문 안에 if문을 여러 번 중첩해서 사용하는 것은 좋지 않다. 프로그램을 읽기 어렵게 만들기 때문이다. 중첩의 깊이가 깊은 코드는 좋은 코드라 할 수 없다. 중첩해서 if문을 사용할 때는 최대 세 번을 넘지 않도록 하는 것이 좋다. 더 깊어질 것 같으면 조건을 다시 한 번 생각해 보기 바란다.

이렇게 A속에 B가 들어 있는 중첩 구조를 nest라고 부르며, 마트료시카(matryoshka, 부모 인형 속에 아이 인형이 들어 있는 러시아 인형)에 비유되곤 한다. 반복문 안에 반복문이 있거나(**3-2 '반복문' ➡ p.105**) if문 안에 if문이 있는 경우를 말한다.

포인트카드 혜택을 중첩된 if문으로 구현했는데, 중첩하지 않고 기술할 수도 있다. '조건 A인 동시에 조건 B'처럼 여러 조건을 하나로 정리하여 기술하면 된다. 이번 예에서 포인트카드 혜택이 적용되는 조건을 한글로 작성해 보면 다음과 같다.

▶ **포인트카드를 가지고 있고 지금까지 본 영화가 5편일 때**

이를 한 개의 if문으로 표현할 수 있다.

```
if (포인트카드를 가지고 있고, 지금까지 본 영화가 5편에 해당):
tab  print('감사합니다. 이번 편은 5000원으로 감상할 수 있습니다')
```

이렇게 여러 조건을 하나로 묶어서 쓰고 싶을 때 파이썬에서는 and라는 키워드를 사용한다.[15] '포인트카드를 가지고 있다' and '지금까지 5편을 보았다'처럼 쓰면 '포인트카드를 가지고 있고, 지금까지 본 영화가 5편이다'라는 의미를 가진다. 다음 코드를 확인해 보자.

```
>>> pointcard = True ↵
>>> count = 5 ↵
>>> (pointcard == True) ↵
True
>>> (count == 5) ↵
True
>>> ((pointcard == True) and (count == 5)) ↵
True
```

위에서부터 한 개씩 조건식이 True(참)인지 False(거짓)인지 확인했다. 7번째 줄에서 첫 번째 조건 '포인트카드를 갖고 있는지'를 의미하는 것이 (pointcard==True)다. 그리고 and를 사용하여 두 번째 조건 '지금까지 본 영화가 5편인지'를 의미하는 (count==5)를 연결했다. 이때 and를 사용한 조건식 중 한 쪽이 False이면 어떻게 되는지 확인해 보자.

```
>>> pointcard = False ↵
>>> count = 5 ↵
>>> (pointcard == True) ↵
False
>>> (count == 5) ↵
True
>>> ((pointcard == True) and (count == 5)) ↵
False
```

이번에는 pointcard를 False로 했으므로 '포인트카드를 가지고 있고 지금까지 5편을 봤다'라는 조건이 False가 되었다.

그러면 실제로 5편마다 5000원 서비스를 판정하는 프로그램을 and를 사용하여 만들어 보자.

---

[15] 옮긴이 and라는 키워드 대신에 &라는 기호를 사용할 수도 있다.

```
>>> pointcard = True ↵
>>> count = 5 ↵
>>> if ((pointcard == True) and (count == 5)): ↵
... [tab] print ('감사합니다. 이번 편은 5000원으로 감상할 수 있습니다') ↵
... ↵
감사합니다. 이번 편은 5000원으로 감상할 수 있습니다
```

세 번째 줄 한 줄로 '포인트카드를 가지고 있고 지금까지 5편을 봤다'는 조건을 표현했다. 첫 번째 조건인 '포인트카드를 가지고 있다'를 의미하는 것이 (pointcard==True)다. 그리고 and를 사용하여 다른 한 가지 조건인 '지금까지 5편을 봤다'를 의미하는 (count==5)를 연결했다. 이두 가지 조건이 둘 다 True(참)일 때만 '감사합니다. 이번 편은 5000원으로 감상할 수 있습니다'라는 문장이 표시된다.

and를 쓰면 'A조건, B조건이 동시에 True일 때 이외에는 모두 False가 된다'라고 기억해 두면된다.

그럼 지금까지 배운 것을 총 정리하여 프로그램을 만들어 보자. 지금껏 적용한 조건을 모두 사용하여 영화 티켓 매표소를 완성시킬 것이다.

프로그램을 작성하기 전에 조건들을 다시 한 번 정리해 보자. 다음 네 가지 조건을 전부 포함할 것이다.

1. **18세 미만은 이 영화를 볼 수 없다**
2. **18세 이상 59세 이하의 손님은 8000원**
3. **60세 이상의 손님은 5000원**
4. **포인트카드를 가지고 있고 지금까지 5편의 영화를 본 손님은 5000원**

즉시 프로그램을 작성하고 싶겠지만, 먼저 한글로 조건 분기를 적어 보자. 여러분도 직접 한글과 if문으로 위 네 가지 조건을 적어 보도록 한다. 프로그램을 쓰기 전에 한글로 생각해 보는 것은 논리적인 문제나 누락이 없는지 체크하는 좋은 방법이다. 실제 개발 현장에서도 복잡한 프로그램을 쓰기 전에 처리의 흐름을 손으로 적어 보기도 한다.

```
if(18세 미만):
tab 티켓을 판매할 수 없습니다
elif(60세 이상):
tab 티켓은 5000원입니다
elif(5편 관람한 할인 대상자):
tab 티켓은 5000원입니다
else:
tab 티켓은 8000원입니다
```

여러분이 적은 것이 위 내용과 완전히 같을 필요는 없다. 위에 기술한 내용에서 한 가지 눈여겨봐야 할 부분은 첫 조건식으로 '18세 미만이면 티켓을 팔 수 없다'를 기술한 부분이다. 이번 영화의 등급은 R18+이므로 어떤 할인 정책도 18세 미만은 대상이 될 수 없다. 따라서 다른 조건보다 먼저 18세 미만 여부를 조건식으로 사용했다.

♦ 조건을 묶기

앞서 한글로 작성한 조건식을 그대로 프로그램으로 작성해도 되지만, 조금 더 욕심을 부려 보다 간결한 프로그램이 되도록 해보자. 앞서 기술한 조건을 조금 개선하면 elif의 수를 한 개 줄일 수 있다. 여러분도 잠시 생각해 보도록 하자. **'처리가 같은 것을 묶는다'**가 힌트다.

```
if(18세 미만):
tab 티켓을 판매할 수 없습니다
elif(60세 이상):
tab 티켓은 5000원입니다
elif(5편 관람한 할인 대상자):
tab 티켓은 5000원입니다
else:
tab 티켓은 8000원입니다
```

잘 보면 '60세 이상'과 '5편 관람한 할인 대상자'의 티켓 값이 똑같이 5000원이다. 즉, 조건은 달라도 처리는 같다. 이 두 가지 조건을 묶을 수 있다. '조건을 묶는다'고 하니 앞서 배운 and 키워드가 생각날 것이다.

- ▶ **60세 이상**
- ▶ **5편 관람한 할인 대상자**

그런데 이 두 조건을 and로 이으면 '60세 이상 중에서 5편 관람한 할인 대상자'가 된다. 모처럼 5편을 봐서 1편을 저렴하게 보려고 했는데, 60세 미만이면 할인이 적용되지 않는다고 하면 고객의 불만을 자아낼 것이다. 여기서는 or이라는 키워드를 사용한다. 이 or을 사용하면 '**혹은**', '**또는**'을 표현할 수 있다.

```
A조건 or B조건
```

위와 같이 쓰면 A조건 혹은 B조건이 참이면 True(참)가 된다. 즉, A조건과 B조건이 동시에 False(거짓)인 경우에만 'False(거짓)'가 되는 것이다.

and와 or의 동작은 다음과 같다. 단순히 외우기보다 각 연산의 의미를 생각해 보길 바란다.

표 **(A조건 and B조건)의 경우**

A조건	B조건	결과
TRUE	TRUE	TRUE
TRUE	FALSE	FALSE
FALSE	TRUE	FALSE
FALSE	FALSE	FALSE

표 **(A조건 or B조건)의 경우**

A조건	B조건	결과
TRUE	TRUE	TRUE
TRUE	FALSE	TRUE
FALSE	TRUE	TRUE
FALSE	FALSE	FALSE

or 연산자를 사용하여 앞서 작성한 조건식을 다시 작성해 보자.

```
if(18세 미만):
tab 티켓을 판매할 수 없습니다
elif(60세 이상 or 5편 관람한 할인 대상자):
tab 티켓은 5000원입니다
else:
tab 티켓은 8000원입니다
```

or 연산자를 사용함으로써 전체 처리문이 두 줄 줄어들었다. 그럼, 이제 한글로 작성한 처리를 프로그램으로 만들어 보자.

```
>>> age = 35 ↵
>>> pointcard=True ↵
>>> count=5 ↵
>>> if (age < 18): ↵
... tab print('티켓을 판매할 수 없습니다') ↵
... elif ((60 <= age) or ((pointcard == True) and (count == 5))): ↵
... tab print('티켓은 5000원입니다') ↵
... else: ↵
... tab print('티켓은 8000원입니다') ↵
```

해 설

프로그램은 짧게 되었지만, elif의 조건이 좀 복잡하니 자세히 살펴보자. 이 조건문은 미리 한글로 작성한 것처럼 60세 이상이거나 포인트카드를 가지고 5편을 본 사람을 확인하는 조건문이다.

```
elif ((60 <= age) or ((pointcard == True) and (count == 5))):
```

왼쪽부터 60세 이상의 조건(60 <= age)과 포인트카드로 5편을 본 조건((pointcart == True) and (count == 5))을 서술하고 있다. 괄호가 많이 사용되었는데 정리하면 다음 구조와 같다.

```
(A조건 or (B조건 and C조건))
```

수학에서 먼저 계산하고 싶은 부분을 괄호로 감싸는 것과 같다.

5 × (3 + 2)

괄호가 있으므로 3+2를 먼저 계산한 뒤에 5를 곱하는 것처럼 B조건과 C조건의 and 결과를 취득한 뒤에 그 결과와 A조건을 or하여 True나 False를 확인하는 흐름이다.

조건 분기 패턴

지금까지 구매자의 조건에 따라 영화 티켓을 판매하는 상황을 프로그램으로 만들어 봤다. 우리가 영화관에서 접하는 실제 영화 티켓 발매 시스템은 다음과 같다.

티켓을 선택해 주세요

0/6장 선택 완료		모두 초기화

일반 General	8,000원	장	유아 (3 & up) Child	8,000원	장
대학생 Student (College)	7,000원	장	고령자 Senior	7,000원	장
고등학생 Student (High)	8,000원	장	부부 50% 할인 Marriage 50 Discount	8,000원	장
중학생/초등학생 Studio (Jr.High,Elementary)	5,000원	장			

돌아가기
(선택)

① 상영 회차 선택　②티켓 수 선택　③좌석 선택　④티켓 선택　⑤결제

그림　영화 티켓 발매 시스템의 예

실제 시스템도 구매자의 조건에 따라 학생 할인, 경로 우대 할인 등의 기능을 제공한다. 조건 분기는 세상에 존재하는 모든 프로그램에서 사용된다고 할 수 있는 기본적인 프로그래밍 패턴이다. 이 시스템에는 어떤 조건 분기가 사용되고 있을까를 생각해 보는 것은 프로그래밍을 훈련하기 위한 좋은 습관이 될 것이다.

정리

◆ 조건 분기

'만약 ××면 ○○한다' 같은 지시를 프로그램에 전달하는 것을 조건 분기라고 부른다. 조건 분기는 if, elif, else 키워드를 사용한다. 서식은 다음과 같다.

서식

```
if 조건A:
  tab (처리) ●──────────────────────────────── 조건A가 True일 때 실행됨
elif 조건B:
  tab (처리) ●──────────────────── 조건A가 False, 조건B가 True일 때 실행됨
else :
  tab (처리) ●──────────────── 조건A, B가 모두 False일 때 실행됨
```

실제 프로그램은 다음과 같이 작성한다.

```
>>> x = 100 ↵
>>> if (x <= 10): ↵
... tab print('x는 10 이하다') ↵
... elif (x < 30): ↵
... tab print('x는 30보다 작은 수다') ↵
... else: ↵
... tab print('x는 30 이상이다') ↵
... ↵
x는 30 이상이다
```

◆ and와 or

and와 or을 사용하면 여러 조건식을 하나의 문장으로 True/False를 판정할 수 있다.

▶ **A and B**
　➡ A가 True이고 B가 True인 경우만 True이고, 그 외는 False가 된다.

▶ **A or B**
　➡ A가 True이거나 B가 True인 경우에 True이므로 A도 B도 False인 경우에만 False이고, 다른 경우는 True가 된다.

3-2

같은 처리를 반복
반복문

여기서는 프로그래밍의 기본 패턴 중 하나인 반복에 관해 배운다. 여러분이 알고 있는 반복이란 무엇인가? 우리는 일상생활에서 '매일이 똑같이 반복되어 지겹다', '최근 이 곡이 좋아서 반복해서 듣고 있다'와 같이 말하곤 한다. 지금부터 살펴볼 프로그래밍의 반복도 대체로 같은 의미를 가진다.

 반복이란?

파이썬에 국한된 것은 아니지만, 프로그램이 가지는 장점 중 하나는 '많은 데이터를 처리할 수 있다'는 점이다. 물론, 데이터를 전달하기만 하면 자동으로 처리해 주는 것은 아니므로 처리해야 될 내용을 프로그래밍해 줘야 한다. 여러분이 프로그래밍을 하다 보면 머지 않아 반복 처리를 작성하는 일이 생길 것이다. 간단한 예를 통해 설명해 보겠다.

 로봇과 짝을 이뤄 작업한다면?

기다리던 대학교 축제에서 당신은 핫도그를 판매하기로 했다. 우선은 핫도그를 만드는 법을 확인하자.

1 빵을 굽는다.

2 소시지를 굽는다.

3 소시지를 빵 사이에 넣는다.

4 케첩과 머스터드를 뿌린다.

손님이 주문한 수만큼 이 순서에 따라 핫도그를 만들면 된다. 그런데 당신은 혼자서 핫도그를 만드는 것이 아니라 짝을 이뤄 작업하기로 했는데, 당신의 파트너는 동급생이 아니라 프로그램에 따라 움직이는 로봇이다. 일을 맡기면 빠르고 완벽하게 처리하지만, 당신이 부탁하지 않으면 아무것도 하지 못하고, 게다가 핫도그를 만들 때마다 만드는 순서를 잊어버리는 별로 영리하지 않은 로봇이다. 인간인 당신이 손님으로부터 주문을 받고, 로봇에게 조금 전의 핫도그 제작법을 매번 가르치며 핫도그를 만들어 팔아야 한다

1 고객에게 주문을 받고 돈을 받는다.

2 로봇에게 핫도그를 만드는 법(다음 4단계)을 가르친다.

    1. **빵을 굽는다.**

    2. **소시지를 굽는다.**

    3. **소시지를 빵 사이에 넣는다.**

    4. **케첩과 머스터드를 뿌린다.**

3 만들어진 핫도그를 건네준다.

오전 중에는 사람이 드물지만, 점심 때가 되면 사람이 많이 줄을 서고 한꺼번에 10개를 주문하는 손님들도 있었다. 한 번에 10개를 주문한 손님은 다음과 같이 대응한다.

1 고객에게 주문을 받고 돈을 받는다.

2 로봇에게 핫도그 만드는 법(다음 4단계)을 가르친다.

   1. **빵을 굽는다.**

   2. **소시지를 굽는다.**

   3. **소시지를 빵 사이에 넣는다.**

   4. **케첩과 머스터드를 뿌린다.**

3 로봇에게 핫도그 만드는 법(다음 4단계)을 가르친다.

   1. **빵을 굽는다.**

   2. **소시지를 굽는다.**

   3. **소시지를 빵 사이에 넣는다.**

   4. **케첩과 머스터드를 뿌린다.**

4 로봇에게 핫도그 만드는 법(4단계)을 가르친다.

"겨우 세 개째다.……"

5 (중략)10개가 만들어지면 손님에게 핫도그를 건네준다.

당신은 고객의 미소와 달리 속으로 이렇게 생각할 것이다.

"……적어도 손님 한 명의 핫도그는 단숨에 만들고 싶다.……"

이럴 때 도움이 되는 것이 프로그램의 반복 기능이다. 이 반복 처리를 알고 있다면 10개 주문한 손님에 대한 대응은 다음과 같이 된다.

1 고객에게 주문을 받고 돈을 받는다.

2 '핫도그 만드는 법'을 10회 반복한다.

   핫도그 만드는 법

   1. **빵을 굽는다.**

   2. **소시지를 굽는다.**

   3. **소시지를 빵 사이에 넣는다.**

   4. **케첩과 머스터드를 뿌린다.**

3 만들어진 핫도그를 건네준다.

❷에서처럼 '다음 처리를 10회 반복한다'와 같은 명령이 이번 장에서 설명하는 **반복 처리**에 해당한다. 이 핫도그 가게의 예처럼 매번 순서를 설명하는 것이 아니라 '이것을 ◯회 반복하세요'라고 부탁하는 기능이다. 이 기능이 있으면 재료를 잔뜩 구매하고, 로봇과 함께 천 개, 만 개의 핫도그를 만들 수도 있다. 실제 프로그램에서 반복 처리를 쓸 때는 for나 while이라는 키워드를 사용한다.

 ## for 사용법(기본편)

for를 사용하여 반복 처리를 기술하는 서식은 다음과 같다.

서식

```
for 변수 in range(반복하고 싶은 횟수):
tab 반복하고 싶은 처리
tab 반복하고 싶은 처리
 .
 .
 .
```

조금 어렵게 느껴질 수 있는데, 실제로 프로그램을 돌려 보자. 우선, 세 번 반복하는 코드다. 인터랙티브 셀을 실행하고, 다음과 같이 입력한다.

Console

```
>>> for count in range(3): ↵
... tab print('반복하기') ↵ ●─────────────── '반복하기'를 출력
... tab print(count) ↵ ●─────────────── count의 값을 출력
... ↵
반복하기
0
반복하기
1
반복하기
2
```

첫 줄부터 살펴보자. count는 단어의 뜻 그대로 세기 위한 변수로서 숫자 값이 들어간다. 그리고 range() 안에 3이라는 숫자를 넣어 3회 반복하도록 하였다.

```
for count in range(3):
```

이 for문에 의해 다음 처리가 3회 반복된다.

```
print('반복한다')
print(count)
```

결과를 보면 '반복한다'와 count 안의 숫자가 세 번 표시되었다. count 안의 숫자는 0부터 반복할 때마다 1이 더해졌다.

♪ for란?

for는 'for you'처럼 일반적으로 '~을 위해'라는 의미를 가진다. 그런데 for에는 '~하는 동안'이라는 의미도 있다. 그래서 'for a long time'을 '긴 시간 동안'이라고 해석하는 것이다. 파이썬에서는 for가 '~하는 동안'이라는 뜻으로 반복에 사용된다. 파이썬뿐만 아니라 다른 프로그래밍 언어에서도 반복을 위해 for라는 키워드를 사용한다.

for 사용법(응용편)

for로 지정한 횟수만큼 반복했는데, 이번에는 range()에 문자열형 데이터를 넣어 보자.

```
>>> word = 'ninja' ↵
>>> for chara in word: ↵
... tab print(chara) ↵
... ↵
n
i
n
j
a
```

변수 word에 넣은 문자 ninja가 차례대로 한 글자씩 변수 chara에 대입되어 다섯 번 반복되면서 한 글자씩 출력되었다. 여기서 알아야 할 점은 for는 데이터의 각 요소에 대해서 동일한 처리를 반복할 수 있다는 것이다. 서식은 다음과 같다.

서식

```
for 변수 in 데이터:
tab 변수를 사용하는 처리
```

조금 어려운 개념이니 몇 가지 예를 들어 설명하겠다.

♦ for를 사용한 리스트형의 반복

for는 지정한 횟수만큼 처리를 반복할 수 있을 뿐만 아니라 for에 리스트형을 사용하면 리스트형에 들어 있는 각각의 데이터에 동일한 처리를 수행할 수 있다. 리스트형이란, 복수의 데이터를 하나로 묶은 데이터형이다(2-5절 '리스트형' ➜ p.69).

리스트형으로 노래 리스트를 만들고, 반복 처리로 리스트의 노래를 하나씩 출력하는 예제를 만들어 보자.

```
>>> music_list = ['DEATH METAL', 'ROCK', 'ANIME', 'POP']
>>> for music in music_list:
... tab print('now playing... ' + music)
...
now playing... DEATH METAL
now playing... ROCK
now playing... ANIME
now playing... POP
```

music_list 변수에 문자열형을 네 개 넣었다. 두 번째 줄에서 for문의 변수 music에는 music_list 안의 데이터가 차례로 대입된다. 리스트형의 각 데이터에 대해 print 함수를 사용하여 now playing... 하는 문자열과 함께 출력하도록 했다.

◆ for를 사용한 사전형 데이터 반복

이번에는 사전형 데이터를 for문에서 사용하여 사전형 데이터 안의 각 데이터를 반복 처리하는 코드를 살펴보자.

```
>>> menu = {'라면':500, '김밥':430, '만두':210}
>>> for order in menu:
... tab print(order)
... tab print(menu[order] * 1.08)
...
김밥
464.40000000000003
만두
226.8
라면
540.0
```

변수 menu는 분식집의 메뉴와 가격을 넣은 사전형 데이터다. 두 번째 줄의 for문에서 menu를 사용하여 각 요소 데이터를 변수 order에 들어가도록 했다.

```
menu={'라면':500,'김밥':430,'만두':210}
for order in menu:
```

여기서 한 가지 주의해야 할 점이 있다. 그것은 변수 order에 들어가는 데이터는 사전형 데이터가 아니고 사전의 키라는 점이다. 변수 order를 print 함수로 출력하면 키가 출력된다. 가격을 알고 싶으면 사전형 데이터 menu에서 order를 키로 가져와야 한다. 이 예제에서는 취득한 메뉴의 가격에 소비세를 포함한 금액을 구하기 위해 1.08을 곱해서 출력했다.

 ## while

반복 처리를 위한 키워드에는 for 외에도 while도 있다. while은 영어로 '~하는 동안'이라는 의미로 서식은 다음과 같다.

서식

```
while (조건식):
    [tab] 반복할 처리
```

for와 비교하면 조금 단순하다. 실제 코드에서는 다음과 같이 사용한다.

Console

```
>>> counter = 0 ↵
>>> while (counter < 5): ↵
... [tab] print(counter) ↵
... [tab] counter = counter + 1 ↵
... ↵
0
1
2
3
4
```

먼저, counter를 정의한 뒤 while에 조건식을 서술했다.

```
while (counter < 5):
```

이 조건식은 3-1절의 조건 분기에서 설명한 조건식과 같다. while문은 이 조건식이 True인 동안 처리를 반복한다. 예제에서는 counter가 5보다 작을 동안 처리를 반복한다. 그래서 처리마다 counter에 1을 더해서 5회만 처리하도록 했다.

 ## 무한 루프

이미 눈치챘을 수 있지만, counter에 1을 더하지 않으면 무한히 처리를 반복하게 된다. 이를 무한 루프라고 한다. 무한 루프는 컴퓨터에게도 큰 부담이 되므로 무한 루프에 빠지지 않도록 조심해야 한다. 만약 실수로 무한 루프에 빠지면 키보드의 Ctrl+C(맥에서는 control+C)를 동시에 눌러 처리를 중단할 수 있다. 멈추는 방법을 알았으니 다음 예제를 실행해 보자. 같은 글자가 계속 출력되어 뭐가 뭔지 모를 수 있지만, 실은 굉장한 속도로 0이 계속 표시되는 것이다.

```
>>> counter = 0 ↵
>>> while (counter < 5): ↵
... tab print(counter) ↵
0
0
…생략
0
0
^C0 ●────────────────── 여기서 무한 루프를 중단
Traceback (most recent call last):
  File "<stdin>", line 2, in <module>
KeyboardInterrupt
```

무한 루프는 이어서 설명하는 break문과 함께 의도적으로 사용하기도 한다.

 ## break

break에 관해 알아보자. '죽도록 싸운다'는 표현을 들어본 적이 있는가? 여기서 우리는 '무한대로 싸운다'는 내용을 프로그램으로 표현해 보고자 한다. 앞서 배운 while을 사용하여 무한 루프를 돌며 '싸우다'를 출력하는 것이다. while의 조건식 안에 True를 쓰면 무한대로 처리를 반

복하게 된다. 정말 끝없이 출력될 것이므로 적당히 중간에 Ctrl+C를 눌러서 멈추도록 한다.

```
>>> while(True): ↵
... tab print('싸우다') ↵
... ↵
싸우다
싸우다
…생략
^C싸우다 ─────────────────────────────────── 여기서 무한 루프를 중단
Traceback (most recent call last):
  File "<stdin>", line 2, in <module>
  KeyboardInterrupt
```

'무한대로 싸운다'를 프로그램으로 표현해 봤다. 이번에는 '힘이 다할 때까지 싸운다'를 표현해 보자. 힘이 다하면 싸움을 멈추는 것이다. 이를 표현하기 위해 while 루프 안에 break를 둘 것이다. 이 break문을 만나면 반복 처리를 멈추고 루프를 빠져나오게 된다. 다음 프로그램을 실행해 본다.

```
>>> while(True): ↵
... tab print('주먹') ↵
... tab print('발차기') ↵
... tab break ↵
... tab print('필살비법') ↵
... ↵
주먹
발차기
```

 해설

우선, 첫 번째 줄에서 while문의 조건식으로 True를 써서 무한 루프를 만들었다. 그리고 위에서부터 '주먹', '발차기', '필살비법'을 나열했는데, '필살비법' 앞에 break를 썼다.

이를 실행해 보면 '주먹'과 '발차기'만 출력된다. 즉, 무한 루프 안에서 break를 만나면 루프를 벗어나게 된다. 예제에서는 루프를 한 번 다 돌기 전에 break를 만나서 벗어났다.

그런데 우리가 만들고 싶은 것은 '힘이 다할 때까지 싸운다'이다. 여기서 다시 등장하는 것이 3-1절에서 배운 '조건 분기'다. 3-1절을 공부했다면 어떻게 사용할지 감이 올 것이다. '만약 힘이 없어지면'이 조건식이다. 이 조건식을 만들려면 '힘'을 담고 있는 변수가 있어야겠다. 힘을 변수 power로 정의하고 한 번 공격할 때마다 힘을 1씩 소비하는 프로그램을 만들도록 하자.

```
>>> power = 2 ↵
>>> while(True): ↵
... tab print('주먹') ↵
... tab print('발차기') ↵
... tab print('필살비법') ↵
... tab power = power -1 ↵
... tab if (power == 0): ↵
... tab tab break ↵
... ↵
주먹
발차기
필살비법
주먹
발차기
필살비법
```

해설

한 번 공격을 하면 변수 power에서 1을 뺐다.

```
power = power -1
```

힘이 1씩 줄어드는 이 처리가 없으면 무한 루프에 빠지고 만다. 그리고 7번째 줄의 조건문에서 만약 power가 0이면 break를 실행하도록 하여 루프를 벗어나게 했다. 결과적으로 공격을 두 번 하고 힘이 빠져서 싸움을 멈추었다. 여기서는 while문에서 break를 사용했는데, for문에서도 동일하게 break를 사용할 수 있다.

♦ continue

continue는 반복 처리를 건너뛰고 싶을 때 사용한다. 방금 배운 break문은 반복 횟수가 남아 있어도 바로 루프를 종료하지만, continue는 반복 횟수가 남아 있는 한 종료되지 않는다. 이번에는 for문으로 continue를 사용하는 법을 설명하겠다.

다음 프로그램은 세 명의 아이가 있는 가족을 표현했다. family 변수에 아이들의 이름을 저장했다. 그리고 이번에 배운 for문을 사용하여 각각의 아이들에 대해 같은 처리를 수행한다.

```
>>> family = ['ryu-ko', 'mako', 'satsuki'] ↵
>>> for kid in family: ↵
... tab print('Good Morning!' + kid) ↵
... tab print('Wake up') ↵
... tab print('Breakfast') ↵
... tab continue ↵
... tab print('Go to School') ↵          ──── 이 문장은 수행되지 않고 넘어간다
... ↵
Good Morning!ryu-ko
Wake up
Breakfast
Good Morning!mako
Wake up
Breakfast
Good Morning!satsuki
Wake up
Breakfast
```

6번째 줄에 continue가 들어 있다. 마지막 print('Go to School')가 어느 아이에 대해서도 실행되지 않은 것은 이 continue에 의해 건너뛰었기 때문이다. 이처럼 continue는 반복 처리에서 continue의 뒤에 있는 처리를 건너뛰고 싶을 때 사용한다. 예를 들면, 조건 분기로 쉬는 날에만 continue문을 수행하게 하면 평일에는 'Go to school'이 표시되고, 쉬는 날에는 표시되지 않을 것이다. continue는 while문에서도 동일하게 쓸 수 있다.

덧붙여서, 이 프로그램에서 continue 대신 그 자리에 break를 쓰면 ryu-ko에 대해서만 'Good Morninig', 'Breakfast'를 출력하고 종료한다.

정리

같은 처리를 반복하고 싶을 때는 for 또는 while을 사용한다.

◆ for를 사용, 정해진 횟수만큼 반복 처리를 실시

서식

```
for 변수 in range(반복하고 싶은 횟수):
  tab 반복하고 싶은 처리(변수에는 0에서부터 숫자가 대입됨)
```

◆ 리스트형의 각 데이터에 대해 같은 처리를 수행하고 싶을 때

서식

```
for 변수 in 리스트형:
  tab 반복하고 싶은 처리(변수에는 리스트의 각 요소가 대입됨)
```

◆ 사전형 데이터의 요소별로 같은 처리를 수행하고 싶을 때

서식

```
for 변수 in 사전형:
  tab 반복하고 싶은 처리(변수에는 사전의 키가 대입됨)
```

◆ while을 사용하고 정해진 조건 동안 반복 처리를 실시

서식

```
while(조건식):
  tab 반복하고 싶은 처리
  tab 조건 갱신
```

◆ 도중에 처리를 종료

서식

```
반복문 안에서
  tab break
```

◆ 도중에 처리를 넘기고 싶을 때

반복문 안에서
`tab` continue

파이썬의 들여쓰기

언어 차원에서 들여쓰기를 강제한 점은 파이썬의 가장 큰 특징 중 하나다. 주요 프로그래밍 언어 중 들여쓰기를 강제하는 언어는 거의 없다. 그런데 이 점이 필자가 파이썬을 좋아하는 이유 중 하나다. 혼자서 작은 프로그램을 만들 때는 느끼기 힘들지만, 여럿이서 커다란 프로그램을 만들 때는 이 점이 크게 도움이 된다.

파이썬을 포함한 모든 프로그래밍 언어는 각각의 규칙과 문법에 따른 제한이 존재한다. 제한이 적고 자유로울수록 다양한 표현이 가능해진다. 그래서 각 개인의 취향이나 버릇이 반영되어 같은 기능을 만들어도 만든 사람에 따라 전혀 다른 프로그램처럼 보이기도 한다. 그런데 파이썬처럼 들여쓰기가 강제되어 있으면 누가 쓰더라도 프로그램의 형태가 비슷하여 가독성이 좋아진다. 프로그래머는 오로지 프로그램을 쓰기만 할 것 같지만, 다른 사람이 만든 프로그램을 읽는 경우도 굉장히 많다. 또 다음과 같은 격언도 있다. "어떤 프로그래머라도 3개월이 지나면 자신이 작성한 프로그램도 남이 작성한 코드처럼 보인다. 따라서 미래의 자신을 포함한 누가 읽어도 알기 쉽게 써야 한다."

이런 이유로 필자는 파이썬이 들여쓰기를 강제한 것이 바람직하다고 생각한다.

3-3

장치를 만들다
함수

프로그래밍에는 함수라는 기능이 있다. 함수는 몇 가지 처리를 하나로 묶어 나중에 불러서 사용할 수 있게 하는 기능이다. 간단한 예를 통해 살펴보자.

 ## 함수란?

요즘에는 옷과 세제를 넣고 버튼만 누르면 세탁부터 건조까지 해주는 세탁기가 있다. 세탁기 안에서 어떤 일이 이루어질지 상상해 보자.

 ## 세탁기 안에서는 무슨 일이 일어날까?

① 급수한다.

② 회전시키면서 옷을 잘 적신다.

3 옷을 씻기 위해서 회전과 역회전을 반복한다.

4 세제를 헹구기 위해서 배수와 급수를 반복하면서 회전한다.

5 탈수를 위해 고속 회전한다.

6 탈수가 끝나면 건조를 위해 온풍과 함께 회전한다.

세탁기 안에서 순차적으로 일어나는 일을 생각해 봤다. 여기서 말하고 싶은 것은 세탁기를 사용하는 사람은 내부 동작을 이해하지 못해도 버튼 몇 개만 누르면 세탁부터 건조까지 완료할 수 있다는 것이다. 즉, 세탁기를 만든 기술자들이 빨래를 세탁하기 위해 작성한 프로그램을 우리는 버튼 하나로 실행한다.

이 세탁기처럼 여러 가지 처리를 묶어서 하나의 기능으로 정리한 것을 프로그래밍에서는 **함수**라고 부른다. 버튼 하나로 세탁기가 여러 처리들을 수행하듯이 프로그램 내에서는 함수를 호출함으로써 함수가 갖고 있는 기능이 수행된다.

함수 만드는 방법

함수를 만들려면 def라는 키워드를 사용한다. def에 이어서 함수의 이름을 쓴다. 이때, 예약어를 쓰지 않아야 함에 주의한다(예약어 ➡ p.57). def는 영어의 define(정의)의 약자로서 함수를 define(정의)하기 위한 키워드다. 그리고 함수의 이름 뒤에는 ()를 쓴다. ()의 의미는 잠시 후 설명하는데, 일단은 반드시 써야 한다고만 기억해 둔다. 첫 번째 줄의 끝에는 콜론(:)을 붙인다.

> **서식**
>
> ```
> def 함수의 이름():
> [tab] 처리 1
> [tab] 처리 2
>   ·
>   ·
>   ·
> ```

두 번째줄부터 왼쪽에 들여쓰기를 하고 함수의 내용을 적는다. 여기서는 처리 1과 처리 2라는 두 개의 처리를 기재했는데, 필요하다면 원하는 만큼 추가할 수 있다. 다만, 하나의 함수의 처리가 길어지면 프로그램을 읽기 어려워지니 주의한다.

함수 사용법

앞서 설명한 서식을 이용하여 함수를 사용해 보자. 서두에 설명한 세탁기의 처리를 예로 사용하겠다. 우선, def 키워드를 쓰고, 함수의 이름을 적는다. 여기서는 washingMachine이라 했다. 처리는 print 함수로 동작을 순서대로 출력하도록 했다.

함수를 정의했으면 함수를 호출해 보자. 호출 방법은 간단하다. 함수 이름 뒤에 ()를 적으면 된다.

```
>>> def washingMachine(): ↵
... [tab] print('급수한다') ↵
... [tab] print('씻는다') ↵
... [tab] print('헹군다') ↵
... [tab] print('탈수한다') ↵
... [tab] print('건조한다') ↵
... ↵
>>> washingMachine() ↵ ●━━━━━━━━━━━━━━━━━━━━━━━━ 함수를 호출
급수한다
씻는다
헹군다
탈수한다
건조한다
```

함수를 호출하자 함수 안에 정의한 처리(여기서는 세탁기의 동작을 출력)가 수행되었다. 함수가 편리한 것은 한 번 정의해 두면 나중에 몇 번이고 호출만 하면 같은 처리를 수행할 수 있다는 점이다. 동일한 처리를 반복해서 사용하는 경우에는 동일한 처리를 함수로 정의하고, 필요한 곳에서 호출하도록 바꾸면 프로그램의 길이가 짧아지고 읽기 쉬운 프로그램이 된다.

 ## 상황에 따라서 처리를 바꾸는 함수

지금까지 설명한 대로 함수는 미리 정의한 처리를 나중에 불러낼 수 있는 기능이다. 그런데 상황에 따라서 다른 처리를 하도록 함수를 만들 수도 있다. 세탁기의 예를 이어서 설명에 사용하겠다.

세탁하는 함수 만들기

이번에 프로그래밍으로 표현하려는 것은 세탁 모드다. 평소 입는 옷 중에는 부드럽게 세탁되어야 하는 섬세한 옷도 있을 것이다. 그래서 앞서 만들었던 세탁 함수와 비슷하지만 부드럽게 세탁하는 softWash라는 이름의 함수를 만들었다.

```
>>> def softWash ():
... [tab] print('급수한다')
... [tab] print('부드럽게 씻는다')
... [tab] print('헹군다')
... [tab] print('탈수한다')
... [tab] print('건조한다')
```

정의만 했으므로 특별히 아무것도 출력되지 않는다. 그래도 부드럽게 씻는 함수를 정의했다. 그런데 이번에는 잘 안 떨어지는 때를 씻기 위해 힘차게 세탁하는 함수를 만들고 싶어졌다. 그래서 위 함수와 비슷하지만, 씻는 부분만 '세게 씻는다'로 바꾼 함수를 만들어야겠다.

◆ 조건 분기를 사용

그런데 거의 같은 처리를 반복해서 쓰고 있다는 사실을 깨달았을 것이다. 동작에는 문제없지만 조금 더 효율적으로 작성할 수 있다. 3-1절에서 배운 조건 분기를 써서 하나의 함수에서 씻는 부분만 바뀌도록 만들어 보자. 씻는 방법을 mode 변수에 담아 mode 값에 따라 분기하도록 만들면 된다.

```
>>> mode = 'soft'                        ─── 부드럽게 씻는 모드 설정
>>> if (mode == 'soft'):
... [tab] print('부드럽게 씻는다')
... elif (mode == 'hard'):
... [tab] print('세게 씻는다')
... else:
... [tab] print('씻는다')
...
부드럽게 씻는다
```

mode에 'soft'라는 문자열을 넣고 조건 분기를 썼다. mode의 값이 'soft'면 '부드럽게 씻는다'
를 출력하고, 'hard'면 '세게 씻는다' 그 외의 값이면 '씻는다'라고 출력한다. 그런데 이번에는 시
작할 때 mode에 'soft'라는 값을 넣었으므로 아무리 실행해도 '부드럽게 씻는다'밖에 표시되지
않는다.

♦ 함수 안에서 조건 분기 처리를 사용

작성한 조건 분기 처리를 함수 안에 넣어 보자. 함수 안에 있는 조건 분기가 의미를 가지려면,
함수를 호출할 때 mode의 값이 변경되어야 할 필요가 있다. 위에 작성한 대로 쓰면 mode의 값
이 바뀌지 않아 늘 '부드럽게 씻는다'만 출력할 것이기 때문이다. 이때 사용하는 것이 바로 함수
의 인자다. 인자는 함수를 호출할 때 전달하는 데이터를 말한다. 일단은 인자를 사용하는 프
로그램을 살펴보자.

 함수 정의

```
>>> def washingMachine(mode): ↵
... [tab] print('급수한다') ↵
... [tab] if (mode == 'soft'): ↵
... [tab] [tab] print('부드럽게 씻는다') ↵
... [tab] elif (mode == 'hard'): ↵
... [tab] [tab] print('세게 씻는다') ↵
... [tab] else: ↵
... [tab] [tab] print('씻는다') ↵
... ↵
```

좀 길어졌지만, 이것으로 세탁 함수가 완성되었다. 함수를 호출할 때 () 안에 인자로 'soft' 혹
은 'hard' 값을 넣으면 그에 맞는 모드로 출력된다. '() 안에 인자를 넣고 호출하는' 것을 '함수
에 인자를 전달한다'라고 표현한다.

해설

첫 번째 줄에서 washingMachine 함수를 정의할 때 () 안에 mode를 썼다.

```
def washingMachine(mode):
```

여기서 쓴 mode는 변수로서 이 함수를 호출할 때 전달하는 인자 값이 이 변수에 대입된다. 이처럼 함수를 정의할 때 인자도 반드시 정의해야 호출할 때 값을 전달할 수 있다.

```
washingMachine('soft')
```

washingMachine() 안에 'soft'라는 문자열을 넣어 실행했다. 여기서 일어나는 일을 순서대로 살펴보면 다음과 같다.

1. washingMachine('soft')가 실행되면
2. 'soft'라는 문자열 데이터가 함수에 넘겨졌고
3. mode 변수에 대입된다.
4. print('급수한다')가 실행된다.
5. 조건문 if에서 변수 mode에 들어 있는 데이터를 'soft'와 비교하여
   ➡ 같으면 print('부드럽게 씻는다')를 실행한다.
   ➡ 아닌 경우에는
6. 'hard'라는 문자열과 비교한다.
   ➡ 같으면 print('세게 씻는다')를 실행한다.
   ➡ 아닌 경우에는
7. print('씻는다')가 실행된다.

조건문 처리의 흐름과 동일하다.

Console 인자를 전달하면서 함수를 호출

```
>>> washingMachine('soft') ↵
급수한다
부드럽게 씻는다
>>> washingMachine('hard') ↵
급수한다
세게 씻는다
```

'soft'도 아니고 'hard'도 아닌 문자열을 전달하면 다음과 같이 된다.

인자를 전달하면서 함수를 호출

```
>>> washingMachine('normal') ↵
급수한다
씻는다
```

함수 안에서 조건 분기를 사용해 봤다. 만약 잘 기억나지 않는다면 조건 분기를 다시 복습하는 것이 좋겠다(➡ p.86). 이번 예제에서는 한 개의 인자만 정의했는데, 함수의 인자는 두 개 이상 도 정의할 수 있다.

함수는 데이터를 반환한다

함수를 호출할 때 데이터를 전달하여 처리를 분기하는 것 이외에 한 가지 더 중요한 기능이 있다. 그것은 데이터를 반환하는 기능이다. 처리를 실행한 결과를 함수를 호출한 쪽에 반환해 주는 기능이다.

원의 면적을 계산하는 함수

앞서 배운 인자를 사용하여 원의 면적을 계산하는 함수를 만들어 보자. 인자로 원의 반지름을 주면 면적을 반환하는 함수다.

함수의 정의

```
>>> def area(radius): ↵
... [tab] result = radius * radius * 3.14 ↵
... [tab] return result ↵
... ↵
>>>
```

함수의 이름은 area(면적)로 했고, 인자는 radius(반지름)로 했다. 원주율은 소수점 둘째 자리 까지 표시해서 3.14라는 값을 사용했다.

원의 면적을 구하는 공식은 다음과 같다.

반지름 × 반지름 × 3.14

이 식을 두 번째 줄에 그대로 써서 결과를 result 변수에 대입했다. 인자에 5라는 값을 주고
이 함수를 호출해 보자.

 함수 호출

```
>>> area(5) ↵
78.5
```

78.5라고 출력되었다. 반경이 5cm이면 면적은 78.5cm², 반경이 5m이면 면적은 78.5m²이 된다.

해 설

세 번째 줄에서 return이라는 새로운 키워드가 등장했다.

```
... tab return result ↵
```

return은 '돌아온다'라는 뜻으로, 함수를 호출한 곳에 'return의 오른쪽에 쓴 데이터'를 반환
한다. 예제에서는 area 함수를 호출하니 78.5라는 값이 돌아왔다.

함수의 반환 값을 변수에 넣어 보자.

```
>>> small = area(5) ↵
>>> big = area(10) ↵
>>> print(small) ↵
78.5
>>> print(big) ↵
314.0
```

첫 번째와 두 번째 줄에서 각각 반지름이 5인 작은 원의 면적은 small이라는 변수에, 반지름

10인 큰 원의 면적은 big에 대입하였다. 여기서 함수가 반환하는 값을 리턴 값, 반환 값이라 부른다. 이 책에서는 반환 값이라 부르겠다. 앞으로 자주 언급할 것이므로 잘 기억해 두자.

 ## 내장 함수

지금까지 함수를 정의하고, 호출하는 방법과 인자, 반환 값에 관해 배웠다. 마지막으로 배울 내용은 내장 함수다. 내장이라고 하면 굉장히 어려운 느낌이 들지만, 실은 우리가 정의하거나 import하지 않아도 사용할 수 있는 기본 함수를 말한다. 여기서는 자주 사용하는 편리한 함수들을 몇 가지 소개하겠다.

◆ len()

len 함수는 인자로 전달한 데이터의 길이나 요소의 수를 반환한다. 다음과 같이 사용한다.

Console 문자의 수를 센다

```
>>> len('thunderbolt') ↵
11
```

Console 요소의 수를 센다

```
>>> animal=['cat','dog','duck'] ↵
>>> len(animal) ↵
3
```

len은 length의 약자로서 이름 그대로 '길이'를 세는 함수다. 첫 번째 예에서는 문자열형 데이터 thunderbolt의 문자 수를 반환했다. 두 번째 예에서는 리스트형으로 정의한 animal 안의 요소 수를 반환했다.

◆ max() min()

이름으로도 알 수 있겠지만, 인자로 전달한 데이터 중에서 가장 큰 값을 반환하는 것이 max 함수, 가장 작은 값을 반환하는 것이 min 함수다.

```
>>> max(100,10,50) ↵
100
>>> min(300,30,3000) ↵
30
```

그런데 숫자뿐만 아니라 문자열에 대해서도 사용할 수 있다. 어떤 값을 반환할까? 프로그램을 돌려서 확인해 보자.

```
>>> max('thunderbolt') ↵
'u'
```

max 함수는 전달한 문자열에서 알파벳 'z'에 가장 가까운 문자, min 함수는 'a'에 가장 가까운 문자 한 개를 반환한다. 문자와 숫자를 섞은 문자열에도 사용할 수 있다.

```
>>> min('1Aa') ↵
'1'
>>> max('1Aa') ↵
'a'
```

결과는 **숫자 > 알파벳 대문자 > 알파벳 소문자**의 순으로 크기를 계산하여 가장 크거나 작은 문자를 반환한다.

◆ sorted()

sorted 함수는 전달한 데이터를 정렬하여 리스트형으로 반환하는 함수다. 정렬 순서는 앞의 max 함수, min 함수와 마찬가지로 **숫자 > 알파벳 대문자 > 알파벳 소문자**의 순이다.

```
>>> sorted('thunderbolt')  ↵
['b', 'd', 'e', 'h', 'l', 'n', 'o', 'r', 't', 't', 'u']
>>> sorted('1Aa')  ↵
['1', 'A', 'a']
>>> sorted([100, 95, 55, 78, 80, 78])  ↵
[55, 78, 78, 80, 95, 100]
```

◆ print()

지금까지 여러 번 사용해 온 print 함수도 사실 내장 함수다. 이미 알다시피 출력을 위해 사용한다.

```
>>> print(988+12)  ↵
1000
>>> print('Hey! World')  ↵
Hey! World
```

◆ type()

파이썬에는 다양한 종류의 데이터 타입이 있다. 인터랙티브 셀에서 한창 프로그램을 작성하다 보면 문득 이 변수가 어떤 데이터 타입인지 기억이 나지 않을 수 있다. 다시 추적하는 것도 쉽지 않은데, 이때 편리한 것이 type 함수다. type 함수에 조사하고 싶은 데이터나 변수를 전달하면 데이터 타입을 반환해 준다.

```
>>> hatena_1 = 9800  ↵
>>> type(hatena_1)  ↵
<class 'int'>  ————————————————————————————————— 수치형
>>> hatena_2 = 'marshmallow'  ↵
>>> type(hatena_2)  ↵
<class 'str'>  ————————————————————————————————— 문자열형
>>> hatena_3 = ['osomatsu', 'karamatsu']  ↵
>>> type(hatena_3)  ↵
<class 'list'>  ———————————————————————————————— 리스트형
```

각 변수의 데이터 타입이 출력되었다. 본인이 작성한 코드뿐 아니라 남이 작성한 코드를 파악할 때도 유용한 것이 type 함수다.

♦ dir()

dir 함수는 인터랙티브 셸에서 많이 사용하는 내장 함수다. **2-5**절 '데이터형'(➡ **p.62**)에서 데이터 타입별로 메소드가 정의되어 있다고 설명했다. 어떤 메소드가 있는지 잊어 버렸을 때 레퍼런스를 참조하지 않아도 이 dir 함수를 사용하면 알아볼 수 있다.

```
>>> string = 'hey' ↵
>>> dir(string) ↵
['__add__', '__class__', '__contains__', '__delattr__', '__dir__',
'__doc__', '__eq__', '__format__', '__ge__', '__getattribute__',
'__getitem__', '__getnewargs__', '__gt__', '__hash__', '__init__',
'__iter__', '__le__', '__len__', '__lt__', '__mod__', '__mul__', '__ne__',
'__new__', '__reduce__', '__reduce_ex__', '__repr__', '__rmod__',
'__rmul__', '__setattr__', '__sizeof__', '__str__', '__subclasshook__',
'capitalize', 'casefold', 'center', 'count', 'encode', 'endswith',
'expandtabs', 'find', 'format', 'format_map', 'index', 'isalnum',
'isalpha', 'isdecimal', 'isdigit', 'isidentifier', 'islower', 'isnumeric',
'isprintable', 'isspace', 'istitle', 'isupper', 'join', 'ljust', 'lower',
'lstrip', 'maketrans', 'partition', 'replace', 'rfind', 'rindex', 'rjust',
'rpartition', 'rsplit', 'rstrip', 'split', 'splitlines', 'startswith',
'strip', 'swapcase', 'title', 'translate', 'upper', 'zfill']
```

위 예에서는 hey라는 문자열을 담은 문자열형 변수 string을 만들었다. 그 string을 dir 함수의 인자에 주니 무언가 많이 표시되었다. 이는 문자열형이 갖고 있는 속성 목록이다. 이 리스트를 살펴보면 **2-5**절 '데이터형'에서 소개한 문자열형의 메소드 upper와 count가 있는 것을 확인할 수 있다. 그리고 그 외에도 많은 메소드가 출력되었다. 예를 들어, title이라는 메소드는 문자열의 첫 글자를 대문자로 만드는 메소드다. 어떤 메소드가 있는지 알고 싶을 때 dir 함수를 사용하면 된다. 참고로 __로 시작하고 끝나는 함수들은 언어에 의해 특별히 정의된 함수나 속성이다. 가령 __eq__는 a == b라는 식이 수행될 때 내부적으로 사용된다.

dir 함수에는 한 가지 더 편리한 기능이 있다. dir 함수에 인자를 넘기지 않고 실행해 보자.

```
>>> dir() ↵
['__builtins__', '__cached__', '__doc__', '__loader__', '__name__',
'__package__', '__spec__', 'hatena_1', 'hatena_2', 'hatena_3', 'string']
```

이번에는 방금 전과는 다른 내용이 출력되었다. 이 리스트의 끝에는 hatena_1, hatena_2처럼 type 함수를 설명하기 위해 만들었던 변수들이 보인다. 이처럼 dir 함수에 인자를 넘기지 않고 실행하면 그 dir()가 실행된 시점에서 유효한 변수의 목록이 출력된다. 인터랙티브 셀에서 프로그램을 만들다가 어떤 변수를 만들었는지 기억이 나지 않을 때 dir()를 인자 없이 사용하면 된다.

정리

함수를 만드는 방법과 사용하는 방법 그리고 내장 함수에 관해 배웠다. 파이썬 공식 사이트에는 모든 내장 함수의 정보가 있다. 어떤 함수가 있는지 미리 익혀 두면 필요할 때 도움이 될 것이다.

▶ 파이썬 3

URL https://docs.python.org/3.6/library/functions.html

▶ 파이썬 2

URL https://docs.python.org/2/library/functions.html

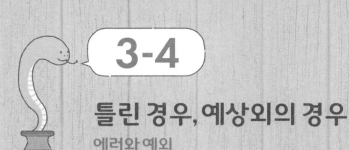

3-4

틀린 경우, 예상외의 경우

에러와 예외

지금까지 파이썬을 실습해 오면서 입력 실수 등으로 에러 메시지를 본 적이 있을 것이다. 에러가 발생하면 당황하게 되는데 에러 자체가 나쁜 것은 아니다. 여기서는 에러에 관해 자세히 알아볼 것이다. 그리고 또 다른 개념인 '예외'에 관해서도 알아볼 것이다.

에러는 알 것 같은데 예외란 무엇일까? 이 두 개는 조금 알기 어려운 개념인데, 먼저 에러부터 살펴보자.

 ## 에러란?

에러란, 프로그램이 예기치 않게 멈추는 현상이다. 예를 들어, print 함수를 사용하여 문자열을 출력하고 싶을 때 문자열을 작은따옴표(')로 감싸는 것을 잊으면 다음처럼 에러가 발생한다.

```
>>> print('hello) ↵
  File "<stdin>", line 1
    print('hello)
                 ^
SyntaxError: EOL while scanning string literal
```

에러가 발생하는 원인은 다양하다. 파이썬에서 발생할 수 있는 에러의 종류와 원인에 관해 알아보자.

에러의 종류

파이썬에서 발생하는 에러는 크게 두 종류가 있다. 하나는 파이썬의 구문(문법)이 잘못된 경우에 발생하는 에러다. 그리고 다른 하나는 파이썬 프로그램이 실행되는 중에 데이터를 처리할 수 없어 발생하는 에러다.

1. **파이썬의 구문(문법)이 잘못되었을 때**
2. **실행 중에 데이터를 처리할 수 없을 때**

◆ 파이썬의 구문(문법)이 잘못되었을 때

첫 번째 에러는 파이썬 문법에 맞지 않게 잘못 사용한 경우 발생한다. 에러 메시지로는 SyntaxError(문법 에러)가 표시된다. Syntax를 번역하면 '구문'이다. SyntaxError가 표시되었을 때는 뭔가 잘못 쓴 것이 없는지, 예를 들어 작은따옴표(')나 소괄호(())가 제대로 짝이 맞는지 주의해서 살펴보자. 특히, 마지막 괄호 ')'를 놓치기 쉽다.

파이썬의 에러 메시지는 틀렸다고 생각되는 부분을 ^라는 기호로 화살표처럼 보여 준다. 기계적으로 판정하고 있으므로 반드시 정확하다고는 할 수 없지만, 이것을 참고 삼아 에러를 수정하도록 한다.

◆ 파이썬이 실행 중에 데이터를 처리할 수 없을 때

두 번째 에러는 실행 중에 데이터를 처리할 수 없을 때 발생하는 에러다. 여기서 '실행 중'이라는 말은 다시 말해서 '실행하지 않으면 에러가 되지 않는다'라고 할 수 있다. 프로그램을 통해 확인해 보자.

print 함수로 hello를 출력하는 프로그램인데, print를 실수로 prin이라고 쓰면 당연히 에러가 된다.

```
>>> prin('hello') ↵
Traceback (most recent call last):
  File "<stdin>", line 1, in <module>
NameError: name 'prin' is not defined
```

에러 메시지의 내용은 'NameError: name 'prin' is not defined'라고 출력되었다. 이를 번역하면 'prin이라는 함수를 실행하려 했지만, prin이라는 이름의 함수가 정의되지 않아 아무것도 할 수 없다'는 내용이다. 이어서 다음 프로그램을 보자.

```
>>> if (False):
... tab prin('hi!')
...
```

처음 예와 같이 prin이라는 잘못된 이름의 함수를 썼지만, 아무런 에러도 발생하지 않았다. 그것은 if 조건문의 조건식이 False이어서 prin이 실행되지 않았기 때문이다.

Syntax 에러와 달리 prin이라는 함수가 없는지 여부는 파이썬 프로그램을 실제로 실행해 보기 전에는 알 수 없다.

에러에는 여러 가지 패턴이 있지만, 어떤 에러도 그 원인은 가장 밑의 줄에 표시된다. 에러가 발생하면 영어로 세 줄 이상의 메시지가 출력되어 놀랄 수도 있지만, 침착하고 가장 밑에 표시된 메시지를 읽어 에러의 원인을 파악하는 습관을 가지도록 한다.

 ## 예외란?

앞서 설명한 두 가지 에러 가운데 두 번째 '실행 중에 데이터를 처리할 수 없어 발생하는 에러'를 예외라고 한다. 예외에는 여러 가지 종류가 있다. 이 책에서 모든 종류를 다룰 수는 없지만, 다음 페이지를 참고하면 예외가 발생했을 때 도움이 될 것이다.

▶ 파이썬 3.5 Document
URL https://docs.python.org/3.6/library/exceptions.html

▶ 파이썬 2.7 Document
URL https://docs.python.org/2.7/library/exceptions.html

 ## 예외 처리

예외를 처리하는 방법을 소개하겠다. 사실, 일정 크기 이상의 프로그램이라면 예외 및 에러가 전혀 발생하지 않는 프로그램은 거의 없다. 그만큼 예외는 흔하게 발생하는 것이다. 단, 자주 발생하는 예외를 그대로 두면 프로그램은 정지하고 만다.

◆ 예외 처리

예외를 다루는 방법을 간략히 설명하면 **예외가 발생할 만한 곳**이나 **실제 예외가 발생한 위치**에 예외가 발생했을 때 어떤 처리를 수행해야 할지 기술해 준다. 그냥 프로그램이 종료되지 않도록 상황에 맞게 메시지를 출력하거나 로그(기록)를 남기도록 하는 것이 일반적이다. 먼저, 서식과 코드로 사용법을 알아보자.

 ## 예외 처리 사용법

파이썬에서 예외 처리를 하려면 try:와 except:라는 키워드를 사용한다. 서식은 다음과 같다.

서식
```
try :
 tab  처리A  (에러가 발생할 수 있는 처리)
except :
 tab  처리B
```

에러가 발생할 수도 있는 처리A 위에 try를 그리고, 그 밑에 except를 썼다. 그러면 처리A에서 예외가 발생하면 그것을 붙잡아서 except 밑의 처리B가 실행된다. 여기서 붙잡는 것(catch)은 발생한 에러를 붙잡아서 프로그램이 종료되는 것을 방지하는 것이라 볼 수 있다.

그림 예외를 잡지 않으면 에러가 된다

서식대로 예외 처리를 한 프로그램은 다음과 같다.

```
>>> try: ↵
... tab prin('예외가 발생하는 처리') ↵
... except: ↵
... tab print('예외를 붙잡았다') ↵
... ↵
예외를 붙잡았다
```

try문 밑에 NameError가 발생하는 처리를 썼다. print가 아닌 prin이라고 써서 예외가 발생하게 되는데, try 속에 썼으므로 예외가 발생하면 except 아래 처리가 실행된다. 그 결과 '예외가 발생하는 처리'라는 문자열이 출력되지 않고, '예외를 붙잡았다'라는 문자열이 출력된다. 에러 메시지는 출력되지 않았다.

예외 처리의 용도

약간 심도 있는 주제다. 예외 처리를 설명하기 위해 print 함수의 철자를 잘못 쓴 경우를 예로 들었다. 그런데 이 에러는 실행 중 예외 처리로 막아야 할 것이 아니라 올바른 철자를 사용하도록 해야 한다. 그러면 어떤 경우에 예외 처리를 쓰는 것이 좋을까? 그중 하나는 프로그램이 외부와 통신하는 부분이다. 아직까지는 외부와 통신하는 내용을 다루지 않았지만, 나중에는 인터넷에서 데이터를 받아서 처리하는 프로그램을 만들 일도 있을 것이다. 그렇게 자신이 쓴 프로그램이 외부(별도의 프로그램, 다른 머신 등)와 데이터를 주고받을 때 상대의 프로그램이나 환경에 따라 뜻밖의 예외가 발생할 수 있다. 그런 상황에서 프로그램이 종료되거나 이상 동작하지 않게 하기 위해 예외 처리를 사용한다. 예외가 발생했을 때는 적절하게 에러 내용을 표시해야 한다. 바람직하지 않은 예외 처리법도 있다. 다음과 같은 것들이다.

❶ 포착한 예외에 대해 아무것도 하지 않고 문제가 없는 것처럼 행동하는 프로그램

❷ try:~except:로 묶는 범위가 넓은 프로그램

❶의 예를 보자.

```
>>> try:
...   tab orin •————————————————————————————————————— 오타1
...   tab prin •————————————————————————————————————— 오타2
... except:
...   tab print('안심하세요. 괜찮습니다')
...
안심하세요. 괜찮습니다
>>>
```

이 예제는 코드에 이상이 있는데, '안심하세요. 괜찮습니다'라는 메시지가 표시된다. 마치 농담과 같은 이런 일이 실제 개발 현장에서도 일어난다. 이렇게 예외를 붙잡아서 아무런 문제도 일어나지 않은 것처럼 예외를 무시하면 눈가림은 되지만, 나중에 큰 문제로 발전할 수 있는 위험한 프로그램이다.

❷의 경우 문제가 있다는 것을 알아도 구체적으로 어디가 문제인지 알기 힘들다. 즉, try:~except: 안 어딘가 잘못되었다는 것은 알지만, 잘못된 부분을 찾기 위해 여러 번 검증을 해봐야 한다. 몇 줄짜리 프로그램이라면 괜찮지만, 수천, 수만 줄의 거대한 프로그램이라면 매우 힘들어진다. 공부하는 동안은 여기까지 신경 쓸 필요는 없지만, 개발 현장에서는 누가 봐도 문제의 원인을 파악하기 쉽도록 프로그램을 써야 한다.

예외의 내용을 예외 처리에서 취득

예외가 발생했을 때 프로그램에서 적절하게 처리하기 위해 예외 처리를 쓴다. 그런데 적절한 처리란 무엇일까? 그 대답의 하나는 예외의 내용을 받아서 로그로 남기거나 메시지로 표시하는 것이다. 여기서는 예외를 포착한 뒤 무엇을 해야 할지를 설명하겠다. 다음 코드를 실행해 보자.

```
>>> try: ↵
... tab prin('a') ↵
... except Exception as e: ↵
... tab print(e.args) ↵
... ↵
("name 'prin' is not defined",)
```

지금까지 예로 다뤘던 print의 이름 입력 실수에서 발생하는 에러인데, except 뒤에
Exception as e라는 키워드를 추가했다. 이는 Exception 타입의 예외를 잡아 변수 e에 대입
한다는 뜻이다. e 객체의 args에는 에러 메시지가 들어 있다. 그래서 e.args를 print로 표시하
면 에러 내용이 출력된다. 이 메시지를 로그에 남기면 추후 로그를 통해 에러 내용을 확인할 수
있고, 애플리케이션 내에서는 직접적으로 e.args를 표시하기보다는 사용자에게 적절한 안내문
구를 표시해 주는 것이 좋다.

 ## 정리

프로그램은 여러 가지 상황에서 예외(에러)가 발생할 수 있으므로 예외 처리 구문을 통해 적절
히 처리를 기술해야 한다.

서식	예외 처리 서식

```
try:
tab 처리A(에러가 발생하는 처리)
except Exception as e:
tab 처리B
tab print(e.args)(예외의 내용을 출력)
```

Chapter 4

프로그래밍의 응용편:
효율적 프로그래밍

3장까지의 내용만으로도 프로그램을 100줄, 200줄 작성할 수 있다. 이제는 그렇게 긴 프로그램을 짧고 효율적으로 만들 수 있는 방법을 알아볼 차례다. 이번 장에서는 효율적인 프로그래밍 방법과 표준 라이브러리 사용법과 같이 실제로 도움이 많이 될 내용을 다룬다.

4-1

클래스

파이썬에는 데이터와 데이터의 처리를 하나로 묶어서 다룰 수 있는 클래스라는 기능이 있다. 클래스라고 하면 막연히 어려울 것 같지만 안심해도 좋다. 왜냐하면 지금까지 배운 내용 중에서 이미 알게 모르게 클래스를 사용해 왔기 때문이다.

여기서는 지금까지 잘 모르고 사용해 온 클래스의 존재를 인식하고, 스스로 필요에 따라 클래스를 만들 수 있도록 설명하겠다.

 ## 클래스란?

클래스를 만드는 방법을 알아보기 전에 먼저, 클래스란 무엇인지부터 알아보자. 파이썬의 클래스를 바꾸어 말하면 '데이터의 설계도'라고 부를 수 있다. 이 설계도에는 데이터가 어떤 특징의 파라미터를 갖는지, 그리고 어떤 기능을 갖고 있는지에 관해 쓰여 있다.

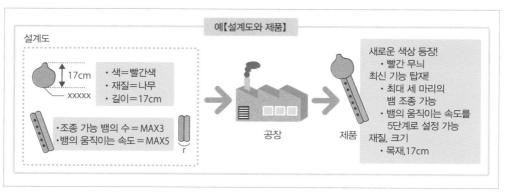

그림 **설계도와 제품**

3장에서 함수에 관해 설명할 때 함수의 존재 이유를 '일련의 처리를 준비해 놓고 사용하고 싶을 때 편리하게 호출할 수 있게 하기 위함'이라고 설명했다. 클래스도 마찬가지 관점으로 설명할 수 있지만, 클래스는 함수보다 더 큰 개념이다. 클래스 안에는 함수가 여러 개 들어 있을 수 있다.

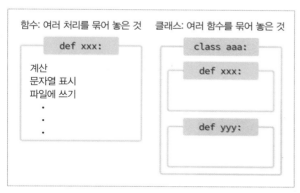

그림 **클래스 안에 여러 함수들이 포함된다**

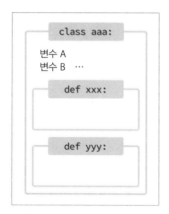

그림 **클래스에는 변수와 함수가 들어간다**

 ## 클래스를 사용하면 무엇이 좋을까?

클래스는 변수와 함수의 집합체다. 클래스를 쓰면 프로그램을 만드는 우리에게 어떤 점이 좋은지 간단히 두 가지로 소개하겠다.

첫 번째는 프로그램의 규모가 커졌을 때 의미 있는 집합체 단위로 프로그램을 정리할 수 있다. 여러 명이 투입되어 개발하는 규모가 큰 프로그램을 상상해 보자. 거기에 새롭게 당신이 투입되어 새로운 기능을 추가하려고 한다면 먼저, 기존의 프로그램을 읽어야 한다. 누군가가 만든 코드를 읽어 보면 글과 마찬가지로 읽기 쉬운 코드도 있고, 그렇지 않은 코드도 있다. 쉽게 정리된 코드는 새로운 기능을 어디에 추가하면 좋은지, 기능을 바꾸고 싶을 때 어디를 고치면 되는지를 파악하기 쉽다.

우리가 자주 사용하는 스마트 폰을 생각해 보자. 많은 앱을 설치했다면 원하는 앱을 찾는 데 시간이 오래 걸리게 된다.

그림   스마트폰 폴더의 기능

예를 들어, 인스타그램은 사진 앱 폴더에 묶어 두고, 트위터와 페이스북은 SNS 폴더에 묶어 두면 나중에 쉽게 찾을 수 있다. 일단 이렇게 묶어 두면 나중에 새로운 앱을 추가할 때도 SNS는 SNS 폴더, 사진 편집 앱은 사진 앱 폴더에 추가하면 된다. 여기서 스마트폰은 전체 프로그램 코드, 폴더는 클래스, 앱은 함수라고 볼 수 있다.

두 번째 장점은 클래스를 설계도라고 부른 것과 관련 있다. 설계도가 있으면 양산이 가능하다. 예를 들어, 슈팅 게임을 만든다고 생각해 보자. 슈팅 게임이 무엇인지 모른다면 한 번 검색해 보기 바란다. 간단히 말하면 전투기를 타고 무수히 많은 적의 공격을 뚫고 어딘가에 있는 적의 우두머리를 격파하는 오래된 게임 장르 중 하나다. 슈팅 게임을 만들 때 우선 양산하지 않으면 안 되는 것이 적의 전투기다. 이들 전투기는 내구력과 공격력, 이동 속도 등의 파라미터를 가지고 총을 쏘는 기능을 갖추고 있다. 내구력과 같은 파라미터는 변수, 총을 쏘는 기능은 함수로 하나의 전투기 클래스로 정리할 수 있다. 이들 변수와 함수를 하나로 정리한 전투기 클래스(설계도)를 바탕으로 새로운 적의 전투기를 계속 만들 수 있다.

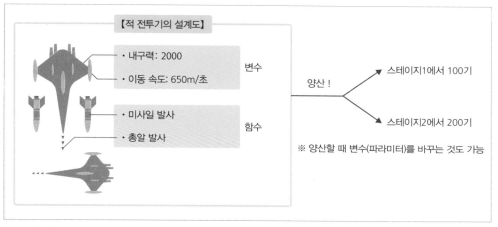

그림 슈팅 게임에서 적의 전투기가 가지는 파라미터와 기능이 각각 변수와 함수

이 내용은 클래스에 관한 이해가 좀 더 필요하니 아직 아리송해도 일단 넘어가도록 하자.

클래스를 만들려면

지금까지 클래스를 데이터의 설계도라고 설명했다. 그러면 이제 설계도를 만드는 방법을 알아보자. 그리고 설계도를 통해 제품을 만들고 사용하는 방법까지 실제 프로그램 코드로 확인해 볼 것이다.

설계도는 제품(프로그램)을 만드는 방법이 적힌 도면이다. 제품을 사용하기 위해서는 먼저, 설계도에 따라 제품을 만들어야 한다. 프로그램의 세계에서 설계도에 따라 제작한 실제 제품을 인스턴스(instance)라고 한다. 그리고 인스턴스를 만드는 것을 '인스턴스화'라고 한다. 이들 용어는 익숙하지 않을 테지만, 나올 때마다 뜻을 되새기면서 익숙해질 필요가 있다.

그림 '설계도→제품'은 '클래스→인스턴스'

클래스는 변수와 함수를 하나로 묶은 프로그램의 설계도다. 클래스를 정의하는 방법은 다음과 같다.

서식

```
class 클래스 이름:
 tab  변수의 정의
 tab  함수의 정의
```

class라는 키워드에 이어 만들고 싶은 클래스의 이름을 쓴다. 그 밑에 변수와 함수를 정의한다. 여기서 변수나 함수의 정의는 필수가 아니므로 변수 혹은 함수로만 구성된 클래스를 만들수도 있다. 또, 클래스 안의 변수는 **멤버 변수**, 함수는 **메소드**라 불린다. 지금 단계에서 용어를 정확히 구분할 필요는 없지만, 머리 한편에 기억해 두도록 한다.

실제로 만들고 사용해 보기

그럼, 실제로 프로그램 안에서 클래스를 만들고 사용하는 방법을 알아보자. 클래스의 이점을 몸소 체험하기 위해 먼저 만드는 법부터 확실히 익히도록 하자.

```
>>> class fruit: ↵
...  tab  color = 'red' ↵
...  tab  def taste(self): ↵
...  tab  tab  return 'delicious' ↵
... ↵
>>>
```

fruit

fruit라는 이름의 클래스를 만들었다. 변수 color에 red라는 값을 대입했고, taste라는 함수를 정의했다. 여기서 한 가지 주의 깊게 봐야 할 점이 있다. 함수의 정의에 self라는 인자를 정의했는데, 함수의 처리 안에서는 self를 쓰지 않은 점이다. 언뜻 실수처럼 보이지만, 클래스에서 함수를 정의할 때는 반드시 이 self를 적어야 한다. 자세한 이유는 잠시 후 설명하겠지만, 일단은 반드시 작성해야 된다고 기억해 둔다. 그러면 작성한 fruit 클래스를 사용해 보자. 다음 코드를 실행한다.

```
>>> class fruit:
... [tab] color = 'red'
... [tab] def taste(self):
... [tab] [tab] return 'delicious'
...
>>> apple = fruit()                                     fruit 클래스를 사용하기 위해 인스턴스화한다
>>> apple.color
'red'
>>> apple.taste()
'delicious'
```

1~4번째 줄에서 클래스 fruit를 정의하고, 6번째 줄부터 정의한 클래스를 사용하고 있다. 앞서 클래스는 데이터의 설계도라고 비유했다. 제품을 사용하기 위해서는 먼저 설계도를 바탕으로 제품을 만드는 작업을 실시해야 한다. 제품을 만드는 방법은 변수에 등호(=)로 클래스 이름

을 대입하면 된다. 이로써 제품이 제작된다. 변수(여기서는 apple)가 제작된 제품이고, 설계도에 있는 스펙을 그대로 가지고 있다. apple.(점)에 이어 color를 연결하면 fruit 클래스의 color 변수에 접근할 수 있고, 함수 taste()를 호출할 수도 있다.

클래스는 설계 도면이므로 사용하려면 먼저 제작부터 해야 한다. 반복하지만, 이 제품 제작을 프로그래밍 용어로 인스턴스화라고 하며, 제작된 제품을 인스턴스라고 한다. 이 개념을 반드시 잘 기억해 두도록 한다.

 ## 객체

객체란, 한마디로 말하자면 데이터와 메소드가 묶인 것이다. 파이썬에서 객체는 데이터형이라 바꿔 말할 수 있다. 중요한 개념인데, 데이터형의 하나인 문자열을 예로 설명하겠다.

```
color = "green"
```

green이라는 문자열을 변수 color에 대입했다. 2-5절에서 배운 것처럼 color의 데이터형은 문자열형이다. color는 문자열 데이터와 문자열형의 메소드를 갖춘 '문자열 객체'라고 할 수 있다. 다시 말해서, color는 green이라는 문자열 데이터를 가지고 있고, 동시에 문자열형 특유의 메소드도 갖고 있다는 것이다. 시험 삼아 문자열형의 메소드 중 하나인 count 메소드를 사용해 보자.

```
>>> color = 'green' ↵
>>> color.count('e') ↵
2
```

첫 번째 줄에서 color 변수에 green이라는 문자열 값을 대입하면서 문자열 객체 color를 만들었다. 두 번째 줄에서는 문자열형의 메소드 count를 사용했다. count 메소드는 인자로 지정한 문자가 문자열 속에 몇 개 있는지를 반환한다. 여기서는 green이라는 문자열 안에 e가 두 개 있다고 반환했다. 이 외에도 upper라는 메소드를 사용하면 문자열을 대문자로 바꿔서 반환한다.

```
>>> color = 'green' ↵
>>> color.upper() ↵
'GREEN'
```

문자열형의 메소드로 count와 upper를 소개했는데, 이 외에도 많이 있다. 문자열을 대입한 변수는 그 대입한 문자열(여기서는 'green')을 데이터로 가지고 문자열형의 메소드를 가지는 객체가 된다.

◆ 객체에 대한 요약

몇 가지 새로운 용어와 개념을 배웠으니 한번 정리해 보자.

- ▶ 객체는 데이터와 기능(메소드)을 가진다
- ▶ 데이터형도 데이터와 메소드를 가지므로 객체다
- ▶ 클래스는 데이터와 메소드에 대한 설계도이고, 설계도(클래스)로 제품을 제작하면 객체가 된다

메소드의 인자 self

클래스 안에 메소드를 정의할 때는 일반 함수를 정의할 때와 다른 규칙이 있다. 그것은 메소드의 첫 번째 인자로 self라는 키워드를 써야 한다는 것이다. 첫 번째 인자란, 메소드의 괄호에서 가장 왼쪽에 적는 인자를 말한다.

이는 규칙이라서 꼭 지키지 않으면 안 되는데, 만약 안 지키면 어떻게 될까? 왜 꼭 self를 써야 할까? 지금부터 차례대로 확인해 보겠다.

아르바이트생 관리 시스템

음식점 아르바이트생을 관리하는 시스템을 생각해 보자. 우선, 아르바이트생을 뜻하는 staff 클래스를 만든다. Staff 클래스 안에는 아르바이트생의 월급을 출력하는 salary 함수를 정의한다.

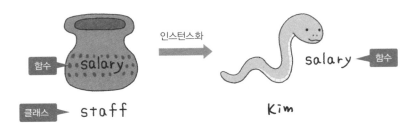

인스턴스화

함수   salary   함수

클래스   staff   Kim

console

```
>>> class staff: ↵
... tab def salary(): ↵
... tab tab return "십만 원" ↵
... ↵
>>> kim = staff() ↵
>>> kim.salary() ↵
Traceback (most recent call last):
  File "<stdin>", line 1, in <module>
  TypeError: salary() takes 0 positional arguments but 1 was given
```

다섯 번째 줄에서 staff 클래스를 인스턴스화하여 kim에 대입했다. 다음으로 6번째 줄에서 kim의 salary 함수를 호출하니 오류가 발생했다. 오류 메시지의 내용은 다음과 같다. 'salary 함수는 인자를 정의하지 않았는데, 인자를 한 개 받았다.' 확실히 인자를 정의하지 않았는데, 호출할 때 따로 인자를 주지도 않았으므로 다소 의아한 결과다. 아무래도 보이지 않는 곳에서 뭔가가 인자로 전달되는 모양이다. 이번에는 규칙에 맞춰서 self를 정의해 보자.

console

```
>>> class staff: ↵
... tab def salary(self): ↵
... tab tab return "십만 원" ↵
... ↵
>>> kim = staff() ↵
>>> kim.salary() ↵
'십만 원'
```

이번에는 salary 메소드를 정의할 때 self를 인자로 정의했다. 그리고 6번째 줄에서 salary 메소드를 호출하니 이번에는 오류가 표시되지 않았고, 기대했던 대로 '십만 원'이 반환되었다.

클래스의 메소드를 호출하면 내부적으로 한 개의 인자가 자동으로 전달된다. 무엇이 메소드로 전달되며, 왜 전달되는 것일까? 이를 설명하기 위해 기존의 staff 클래스를 수정하여 bonus 변수를 추가로 정의했다.

```
>>> class staff: ↵
... tab bonus = 30000 ↵
... tab def salary(self): ↵
... tab tab salary = 100000 + bonus ↵
... tab tab return salary ↵
... ↵
>>> kim = staff() ↵
>>> kim.salary() ↵
Traceback (most recent call last):
  File "<stdin>", line 1, in <module>
  File "<stdin>", line 4, in salary
NameError: name 'bonus' is not defined
```

방금 전과 똑같이 salary 함수를 호출하니 오류가 발생했다. 오류 메시지의 내용은 bonus가 정의되어 있지 않다는 것이다. 그러나 staff 클래스의 두 번째 줄에 bonus = 30000이라고 분명히 멤버 변수를 정의했다.

왜 오류가 생겼을까? 이유는 같은 클래스 안에 정의했어도 메소드 안에서 메소드 밖에 있는 변수를 바로 사용할 수 없기 때문이다. 에러 메시지에서 '정의되어 있지 않다'는 것은 '참조할 수 있는 범위에 정의되어 있지 않다'는 뜻이다.

하나로 묶어서 사용하고 싶어서 하나의 클래스 안에 메소드와 변수를 정의했는데, 메소드에서 멤버 변수를 사용할 수 없다면 의미가 퇴색될 것이다. 클래스 안에 정의한 메소드에서 멤버 변수를 사용할 수 있는 방법이 필요하다. 그것을 위해 존재하는 것이 함수의 제1인자로 강제로 설정하는 self다. 이 내용을 반영하면 다음과 같다.

```
>>> class staff: ↵
... [tab] bonus = 30000 ↵
... [tab] def salary(self): ↵
... [tab] [tab] salary = 100000 + self.bonus ↵
... [tab] [tab] return salary ↵
... [tab]
>>> kim = staff() ↵
>>> kim.salary() ↵
40000
```

네 번째 줄을 보면 self.(점)에 이어 bonus라고 썼다. 이렇게 하면 'staff 클래스의 bonus 변수를 사용할 수 있다. 클래스 이름에 점(.)을 연결하고 변수 이름을 써서 '○○클래스의 □□변수'를 사용할 수 있다고 했다.

마찬가지로 이 self는 staff 클래스 자신을 나타낸다. self라는 단어의 의미 그대로다. 이것은 마치 필자가 스스로를 '나'라고 부르는 것처럼 staff 클래스가 본인을 self라고 부르고 있는 것이다. 따라서 self.bonus라고 써서 'staff 클래스 안의 변수 bonus'를 사용할 수 있게 된다.

함수의 제1인자로 자동으로 전달되는 것은 클래스 자신이다. 클래스에서 메소드를 정의할 때, self를 제1인자로 정의하는 이유는 메소드에서 클래스의 변수나 다른 메소드에 접근하기 위해서다.

♪ self가 아니어도 된다?

클래스의 메소드를 정의할 때 제1인자로 self를 정의해야 하지만, 실은 self가 아니어도 된다. 이를테면 thisClass로 정의해도 되고, solf처럼 철자를 틀려도 괜찮다. 왜냐하면 self는 어디까지나 변수 이름이기 때문이다. 메소드의 첫 번째 인자로 정의한 변수에 그 클래스 자신이 대입될 뿐이다. 다만, self 이외의 다른 이름을 사용하면 본인 이외의 사람이 프로그램을 읽거나 나중에 본인이 작성한 프로그램을 다시 읽을 때 혼란스럽게 된다. 특별한 이유가 없으면 관습에 따라 self로 통일하는 것이 좋다.

__init__ 메소드

앞서 "클래스는 설계도고, 그 설계도를 바탕으로 제품(인스턴스)을 만든다"라고 설명했다. 그런데 제품을 만들 때 초기 설정값을 전달할 수 있으면 더욱 편리할 것이다. 이를테면 아르바이트생의 이름이나 보너스 금액에 대한 정보를 인스턴스화할 때 전달하는 것이다. 그러기 위해서는 클래스 안에 __init__ 메소드를 정의하면 된다.

서식

```
class 클래스 이름:
 tab  def__init__(self, 인자, ...):
 tab  tab  self. 초기 설정하고 싶은 변수 = 인자
 tab  tab  초기 수행 처리
 tab  def 메소드 이름:
 tab  tab  메소드 처리
```

---

staff 클래스를 가지고 계속 설명하겠다. 조금 전의 staff 클래스에서는 bonus=30000처럼 고정된 금액을 클래스의 멤버 변수에 대입했었다. 그러면 kim씨뿐만 아니라 다른 직원들도 일률적으로 3만 원을 보너스로 받게 된다. 좀 더 현실적인 클래스를 만들기 위해 __init__ 메소드를 정의해서 사람별로(인스턴스별로) 다른 보너스를 받도록 해보자.

```
>>> class staff:
...  tab  def __init__(self, bonus):
...  tab  tab  self.bonus = bonus
...  tab  def salary(self):
...  tab  tab  salary = 100000 + self.bonus
...  tab  tab  return salary
...
>>> kim = staff(50000)
>>> kim.salary()
150000
>>> lee = staff(30000)
>>> lee.salary()
130000
```

두 번째 줄을 보면 __init__ 메소드의 첫 번째 매개변수로 self를, 두 번째 매개변수로 bonus 를 정의했다. 이 두 번째 인자 bonus가 인스턴스화할 때 전달받는 인자다. 세 번째 줄에서 인 자로 전달받은 bonus를 self.bonus에 대입했다. 네 번째 줄의 salary 메소드는 이전과 동일 하다.

8번째 줄을 보면 kim이라는 staff 클래스의 인스턴스를 만들면서 50000이라는 초깃값을 전 달했다. 이어 kim.salary() 메소드를 호출하니 self.bonus 값(50000)과 100000을 더한 150000이 반환되었다.

또한, 11번째 줄에서는 lee라는 staff 클래스의 인스턴스를 만들었는데, 이번에는 30000을 보너스로 지정했으므로 lee.salary()를 호출한 결과, 30000+100000=130000이 반환되었다. 이처럼 인스턴스화할 때 초깃값을 전달하면 인스턴스마다 조금씩 달라져야 하는 값들을 설정 할 수 있다.

더 실무에 가까운 클래스를 생각해 보자. staffInfo라는 클래스는 사원 번호를 초깃값으로 받고, 사원 번호를 바탕으로 해당 사원의 근무 시간, 입사일, 성과 정보를 취득할 수 있는 메 소드를 가진다. 구체적인 구현은 생략했지만, 실제 시스템에서는 이런 식으로 클래스를 디자인 한다는 것을 파악해 두기 바란다.

```
>>> class  staffInfo:
... [tab]  def __init__(self, staff_id):
... [tab] [tab] self.staff_id = staff_id
... [tab] def getWorkingHours(self):
        사원의 근무 시간을 관리하는 데이터베이스에서 self.staff_id를 바탕으로 정보를 취득
        …생략
... [tab] def getHireDate (self):
        사원의 채용 계약 정보를 관리하는 데이터베이스에서 self.staff_id를 바탕으로 정보를 취득
        …생략
... [tab] def getTrainingRank (self):
        사원의 연수 정보를 관리하는 데이터베이스에서 self.staff_id를 바탕으로 정보를 취득
        …생략
...
>>> kim = staffInfo('A00122')  ●————————————— 사원 번호를 초깃값으로 인스턴스화
>>> kim.getWorkingHours()  ●————————————— 이번달 근무 시간을 취득
'50hours'
>>> kim.getHireDate()  ●————————————— 입사일을 취득
'2015-11-29'
>>> kim.getTrainingRank()  ●————————————— 연수 등급
'Beginner'
```

__init__ 메소드를 통해 초깃값으로 전달되는 사원 번호(staff_id)를 멤버 변수에 저장한다. 그리고 이 사원 번호를 이용해서 각종 정보를 DB에서 취득할 수 있는 메소드들이 존재한다. 또한, kim씨뿐만 아니라 다른 사원인 lee씨에 대해서도 사원 번호를 통해 동일한 메소드를 호출하여 사용할 수 있다.

```
>>> lee = staffInfo('B00133')  ●────────────────── 사원 번호를 초깃값으로 인스턴스화
>>> lee.getWorkingHours()
'43hours'
```

이처럼 인스턴스화할 때 초깃값을 전달할 수 있으면 클래스를 더 편리하게 사용할 수 있다. 이 것이 __init__ 메소드의 역할이다. 여기서 init은 초기화를 뜻하는 *initialize*의 앞 네 글자에 해당한다.

4-2

상속

여기서는 상속이란 무엇이며, 왜 존재하고, 어떻게 사용하는지를 소개한다. 좀 어려운 개념이므로 한 번에 이해가 가지 않을 수도 있다. 그러나 이번 장을 반복해서 읽고, 실제 많이 부딪치면서 접하다 보면 어느새 완전히 이해하게 될 것이다.

지금부터 상속의 개념과 사용하는 방법, 이점에 관해 소개하겠다.

 ## 상속이란?

상속이란, 말 그대로 한 클래스 A가 가진 '무엇인가'를 다른 클래스 B가 가질 수 있게 하는 기능이다. 상속하여 전달하는 그 '무엇'은 바로 클래스에 정의한 데이터나 메소드다. 상속의 원천이 되는 클래스를 부모 클래스, 기능을 전달받는 클래스를 자식 클래스라고 하며, 이 두 클래스는 부모 자식 관계에 있다고 말한다.

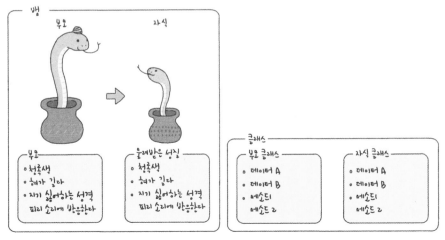

그림 **데이터를 부모로부터 자식에게 상속하는 그림**

점토로 동물 빚기

상속을 이해하려면 어떤 이점이 있는지를 이해해야 한다. 비유를 들어 설명해 보겠다. 당신은 지금 미술 수업을 받고 있다. 학생들은 각자 좋아하는 동물들을 찰흙으로 빚고 있다. 그런데 이 수업이 일반 수업과 다른 점은 한 명의 학생이 100개의 동물을 만들어야 한다는 점이다. 눈 앞에는 100개의 동물을 만들 수 있는 거대한 점토 덩어리가 있다. 너무 많은 숫자이긴 하지만, 학생들은 묵묵히 한 마리씩 만들어 가고 있다. 먼저, 강아지를 만드는 순서를 생각해 보자.

1 점토를 적당히 떼어 내서 몸통에 해당하는 덩어리를 만든다.

2 적당한 크기의 점토를 떼어 내서 몸통에 발을 붙인다.

3 머리와 꼬리도 필요한 양을 사용하여 몸통에 붙인다.

4 몸통, 다리, 머리 모양을 정리하여 강아지를 완성한다.

이런 느낌으로 나머지 99마리를 만들어야 한다. 이어서 고양이를 만들려고 한다면 어떤 순서가 될지 생각해 보자.

다음은 말을 만들 차례다. 역시 만드는 순서를 상상해 본다. 여기서 이대로 묵묵히 100마리를 계속 만들기 전에 생각해 보고 싶은 것이 있다. 동물들 간에 크기와 길이, 형태의 차이는 다소 있지만, 몸통에 머리, 다리, 꼬리가 달렸다는 점은 같다. 따라서 강아지를 만들 때 생각한 순서의 세 번째까지(몸통에 머리, 다리, 꼬리를 붙이는 작업)는 거의 같다.

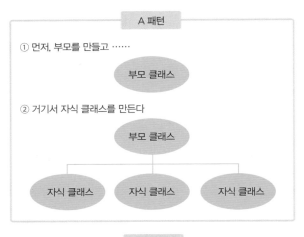

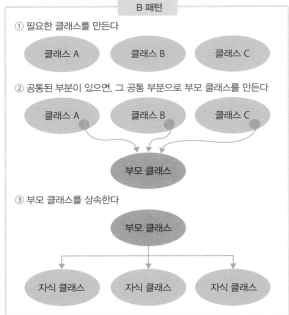

그림 **클래스를 상속받은 클래스 만들기**

이제 이 이야기를 클래스에 대입해 보자. 여러 종류의 동물들을 클래스로 만들 때 동물마다 같은 내용을 클래스에 일일이 작성하는 것은 힘든 일이다. 공통된 부분(몸, 발, 꼬리, 걷는 기능)을 먼저 클래스로 한 개 만들고, 그것을 다른 클래스에서 사용할 수 있으면 동물별로 서로 다른 부분만 만들면 되어 편리할 것이다. 이것이 상속의 기본적인 기능이다.

일정 이상 규모의 프로그램을 만들 때는 개발을 시작하기 전에 먼저 전체를 설계하는데, 어떤 클래스를 부모 클래스로 하면 좋은지 등을 먼저 생각한다(앞 페이지 그림 A 패턴). 그러나 처음부터 무엇을 부모 클래스로 만들고, 무엇을 자식 클래스로 만들지를 생각하는 것은 쉬운 일이 아니다. 그래서 추천하고 싶은 방법은 처음에는 부모 자식 관계를 생각하지 말고, 필요한 클래스를 순차적으로 만들도록 한다. 만들면서 '이 세 개의 클래스는 공통된 부분이 있어' 혹은 '이런 부모 클래스가 있으면 편할 것 같구나'라는 생각이 들 때 공통의 부모 클래스를 만들고, 이를 상속하는 자식 클래스를 만들도록 한다. 이런 식으로 반복하다 보면 점차 클래스 간의 관계를 생각하면서 설계하는 것에 익숙해질 것이다(앞 페이지 그림 B 패턴).

상속을 기술하는 방법

자식이 되는 클래스를 정의하는 방법은 일반 클래스를 작성하는 방법과 다소 다르다. 하지만 부모 클래스는 4-1절에서 배운 방법대로 만들면 된다. 변경이 필요한 것은 자식 클래스뿐이다. 자식 클래스의 서식은 다음과 같다.

서식

```
class 클래스 이름(부모 클래스 이름):
 tab  변수
 tab  tab  메소드 이름:
 tab  tab  메소드의 처리
```

class 키워드 뒤에 클래스 이름을 쓰고 소괄호(()) 안에 상속받고 싶은 부모 클래스의 이름을 쓴다. 그 다음은 일반적인 클래스 정의 방법과 같다.

상속을 사용한 프로그램 작성(기본편)

실제로 상속을 사용하는 프로그램을 동물을 예로 들어 만들어 보자. 우선은 부모 클래스를 만들고, 그 다음에 부모 클래스를 상속한 자식 클래스들을 만들 것이다. 먼저, 강아지를 만들어 보자.

```
>>> class·animalBaseClass: ↵
... [tab] animallegs=4 ↵
... [tab] def walk(self): ↵
... [tab] [tab] print('걷기') ↵
... [tab] def cry(self): ↵
... [tab] [tab] print('멍멍') ↵
... [tab] def getLegsNum(self): ↵ ←───────────── 다리 개수를 출력하는 함수
... [tab] [tab] print(self.animallegs) ↵
... ↵
>>> class dogClass(animalBaseClass): ↵
... [tab] def __init__(self): ↵
... [tab] [tab] print('강아지입니다') ↵
... ↵
>>> baduk = dogClass() ↵
강아지입니다
>>> baduk.walk() ↵
걷기
>>> baduk.cry() ↵
멍멍
>>> baduk.getLegsNum() ↵
4
```

 해 설

제일 먼저 animalBaseClass를 정의했다. 동물들에 공통으로 있는 변수와 메소드를 정의했다. 다리 수는 네 개고, 걷고, 달리고, 울 수 있다. 10번째 줄에서 상속을 사용하여 dogClass를 정의했다. 그리고 14번째 줄에서 dogClass를 인스턴스화했다. dogClass에는 초기화 함수인 __init__만을 정의하였으며, 인스턴스화할 때 '강아지입니다'라고 자기 소개를 출력하도록 했다. 그리고 가장 중요한 부분이 그 다음이다. dogClass를 인스턴스화하여 만든 baduk 인스턴스에서 walk 메소드나 cry 메소드와 같이 dogClass에서 정의하지 않은 메소드를 사용할 수 있다.

baduk 인스턴스에서 walk 메소드를 호출하면 프로그램은 우선 baduk 클래스 안에 walk 메소드가 존재하는지 확인한다. 존재하지 않으면 부모 클래스인 animalBaseClass에서 walk 메소드를 찾는다. 부모 클래스인 animalBase Class 속에 walk 메소드가 존재하므로 부모 클래스의 walk 메소드가 실행되어 '걷기'라고 출력된다.

아직 강아지 클래스밖에 안 만들었으므로 상속으로 인한 이점을 느끼기 어려울 수 있다. 하지만 다른 동물들을 계속 만들어 나가다 보면, 매번 walk 메소드 등을 기술하지 않아도 되는 편리함을 느낄 수 있을 것이다. 지금은 콘솔에 입력하고 있어 창을 닫으면 작성한 내용이 사라지지만, 실제 개발할 때는 파일에 부모 클래스를 써서 언제든지 상속할 수 있게 한다.

 ## 상속을 사용한 프로그램 작성(오버라이드편)

강아지 외의 동물 클래스를 만들어서 상속에 관해 좀 더 이해해 보자. 앞서 작성한 animalBaseClass를 부모 클래스로 사용한다. 앞서 사용한 인터랙티브 셀을 아직 닫지 않았다면 자식 클래스 birdClass를 바로 정의해도 좋다. 이미 인터랙티브 셀을 닫았다면 다시 한번 부모 클래스인 animalBaseClass부터 입력하도록 한다.

```
>>> class animalBaseClass:
... tab animallegs=2
... tab def walk(self):
... tab tab print('걷기')
... tab def cry(self):
... tab tab print('울기')
...
>>> class birdClass(animalBaseClass):
... tab def __init__(self):
... tab tab print('새입니다')
... tab def cry(self):
... tab tab print('짹짹')
...
>>> bird = birdClass()
새입니다
>>> bird.walk()
걷기
>>> bird.cry()
짹짹
```

강아지에 이어 새 클래스를 만들었다. 강아지 클래스와의 차이는 '새입니다'라는 자기 소개와 cry()라는 메소드를 정의한 점이다. 여기서 주의 깊게 봐야 할 점은 cry 메소드가 부모 클래스인 animalBaseClass에도 정의되어 있다는 점이다. 이 메소드를 실행해 보면 '짹짹'이 출력되어 자식 클래스의 메소드가 수행된 것을 알 수 있다. 부모 클래스에서 정의한 메소드와 같은 이름의 메소드를 자식 클래스에서도 정의하면 자식 클래스에서 호출하는 한 자식 클래스 쪽의 메소드가 우선된다. 이 기능을 오버라이드라 부른다. 영어로는 override, 즉 덮어쓰기라는 뜻으로서 부모 클래스에서 정의한 메소드를 자식 클래스에서 덮어쓴다는 뜻이다.

이 오버라이드를 통해 상속의 기능을 더 범용적으로 사용할 수 있게 된다. 이번처럼 '울다'라는 동물들의 공통적인 동작을 부모 클래스에 정의하고 우는 소리는 각각의 동물마다 다르게 자식 클래스에서 오버라이드하는 식으로 클래스를 만든다.

상속을 사용한 프로그램 작성
(부모 클래스의 메소드 호출 방법과 초깃값 설정)

이번에는 자식 클래스에서 부모 클래스의 메소드를 호출하고 초깃값을 설정하는 방법을 알아보자. 강아지, 새에 이어 이번에는 파이썬 책이니만큼 뱀 클래스를 만들어 보겠다. 이번에 사용하는 부모 클래스는 지금까지의 부모 클래스를 조금 수정할 것이므로 부모 클래스부터 다시 입력하도록 한다.

```
>>> class animalBaseClass(): ↵
... tab def __init__(self, num): ↵
... tab tab self.animallegs = num ↵
... tab def walk(self): ↵
... tab tab print('걷기') ↵
... tab def cry(self): ↵
... tab tab print('울기') ↵
... tab def getLegsNum(self): ↵
... tab tab print(self.animallegs) ↵
...
```

```
>>> class snakeClass(animalBaseClass): ↵
... [tab] def __init__(self, num): ↵
... [tab] [tab] parent_class = super(snakeClass, self) ↵
... [tab] [tab] parent_class.__init__(num) ↵
... [tab] [tab] print('뱀입니다') ↵
...
>>> nyoro = snakeClass(0) ↵
뱀입니다
>>> nyoro.getLegsNum() ↵
0
```

 해 설

우선, 이번 부모 클래스가 지금까지와 다른 점은 초기화 메소드 __init__(➡ p.151)이 있다는 점이다. 초기화 메소드를 통해 다리의 개수를 초깃값으로 설정하도록 했다. 일반적으로 동물의 다리 수는 네 개이지만, 새와 뱀은 그렇지 않다. 그래서 인스턴스화할 때 다리의 개수를 지정하도록 했다.

그리고 이번 프로그램에서 가장 중요한 부분은 자식 클래스에서 부모 클래스의 초기화 메소드를 호출하는 부분이다. 13번째 줄의 parent_class로 시작하는 부분이다. super()는 자식 클래스를 지정하여 부모 클래스에 정의한 메소드에 접근할 수 있는 키워드다. super를 사용하는 방법은 다음과 같다.

서식

super(자식 클래스 이름, 인스턴스)

첫 번째 매개변수에 자식 클래스의 이름을 주고, 두 번째 매개변수에는 인스턴스를 주면 지정한 자식 클래스 객체의 부모 클래스를 얻을 수 있다. 예제에서는 제1매개변수에 자식 클래스의 이름인 snakeClass를 주었고, 제2인자로는 self(자신의 객체)를 주어 부모 클래스인 animalBaseClass를 얻었다. 부모 클래스인 animalBaseClass를 parent_class 변수에 넣어 parent_class.__init__(num)을 호출하여 부모 클래스의 초기화 메소드를 호출하여 animalLegs 값을 설정했다.

이렇게 super를 사용하여 부모 클래스의 초기화 메소드를 실행할 수 있다. 밑에서 네 번째 줄 'nyoro=snakeClass(0)'를 통해 인스턴스화한 nyoro 객체의 getLegsNum 메소드를 호출한 결과 0이 반환되어 정상적으로 초깃값이 설정되었음을 알 수 있다. 그런데 뱀의 다리 수는 언제나 0이므로 다음과 같이 쓸 수도 있다.

```
>>> class snakeClass(animalBaseClass): ↵
... tab def __init__(self): ↵
... tab tab snake_legs = 0 ↵
... tab tab parent_class = super(snakeClass, self) ↵
... tab tab parent_class.__init__(snake_legs) ↵
... tab tab print('뱀입니다') ↵
...
>>> nyoro = snakeClass() ↵
뱀입니다
>>> nyoro.getLegsNum() ↵
0
```

이전 snakeClass와의 차이점은 뱀 클래스의 초기화 메소드에서는 인자를 받지 않고, 0이란 값을 부모 클래스의 초기화 메소드에 전달한 것이다. 그래서 8번째 줄에서 snakeClass를 인스턴스화할 때 다리 개수를 지정하지 않았지만, 9번째 줄에서 getLegsNum()을 호출했을 때 0이 반환되었다.

뱀은 다리가 없으므로 인스턴스화할 때 다리 개수를 넘겨줄 필요가 없지만, 원시 시대에는 다리가 있던 종류도 있었다고 한다. 만약 뱀 클래스를 만들 때가 오면 몇 개의 다리로 할지 고민해 보자.

4-3

표준 라이브러리

라이브러리에는 표준 라이브러리와 외부 라이브러리가 있다. 표준 라이브러리는 파이썬을 설치했을 때 함께 설치되는 라이브러리다.

표준 라이브러리에서 '표준'이란, '○○ 기능을 표준 탑재!'와 같은 제품 광고처럼 기본으로 갖추고 있다는 뜻이다. 한편, 별도로 설치가 필요한 라이브러리를 외부 라이브러리라고 한다. 외부 라이브러리에 관해서는 6장에서 설명한다.

 ## 라이브러리란?

표준 라이브러리에 관해 알아보기 전에 먼저 라이브러리란 무엇인지부터 알아보자. 라이브러리(library)는 영어로 도서관이라는 뜻인데, 프로그래밍에서는 도구 상자라고 볼 수 있다. 도구 상자에는 여러 가지 도구가 들어 있어 필요한 도구를 꺼내어 무언가를 만들거나 수리하곤 한다. 라이브러리도 필요에 따라 사용하여 적은 수고로 보다 빠르게 목표하는 프로그램을 만들 수 있다. 라이브러리를 도구 상자로 비유했는데, 도구 상자에 들어 있는 각각의 도구를 파이썬에서는 모듈(module)이라고 한다. 그리고 각 모듈에는 여러 가지 기능을 제공하는 클래스나 함수가 존재한다.

복수의 모듈이 하나로 묶인 것을 패키지(package)라고 부른다. 패키지는 드라이버 세트로 비유할 수 있다. 드라이버 세트 안에는 십자 드라이버와 마이너스 드라이버라는, 역할이 다른 도구(모듈)들이 들어 있다.

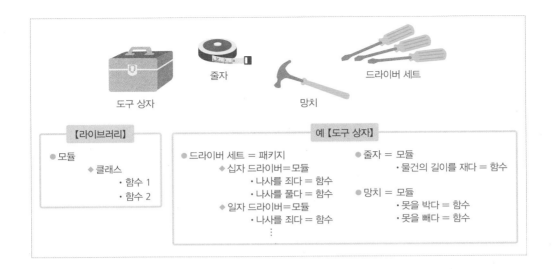

 ## 표준 라이브러리 사용법

여기서는 표준 라이브러리를 사용하기 위한 기초적인 내용을 알아본다.

◆ import

도구를 사용하려면 도구 상자에서 도구를 찾아 손에 쥘 필요가 있다. 마찬가지로 파이썬에서도 표준 라이브러리 중에서 사용할 모듈을 프로그램에서 읽어 들여야 한다.

여기서는 1장에서도 사용한 적이 있는 calendar라는 표준 라이브러리의 모듈을 예로 들어 실제 프로그램에서 사용하는 방법을 설명하겠다. 모듈을 읽기 위해 import라는 키워드를 사용한다. 읽어 들인 calendar 뒤에 점(.)을 붙이고, month라는 함수를 호출하고, 그 결과를 print 함수를 사용하여 출력해 보자.

```
>>> import calendar ↵
>>> print(calendar.month(2015, 7)) ↵ ●────────── 2015년 7월의 달력을 출력
      July 2015
Mo Tu We Th Fr Sa Su
       1  2  3  4  5
 6  7  8  9 10 11 12
13 14 15 16 17 18 19
20 21 22 23 24 25 26
27 28 29 30 31
```

◆ as

모듈의 클래스나 함수를 사용할 때는 모듈 이름을 먼저 타이핑하고 사용해야 하는데, 예를 들면 calendar 모듈의 경우 이름이 8문자로 길고 오타를 칠 법한 단어다. 이것을 매번 쓰는 것은 성가시므로 as라는 키워드를 사용하여 간단한 이름을 붙일 수 있다. 다음 예에서는 calendar에 cal이라는 별명을 붙였다.

```
>>> import calendar as cal ↵
>>> print(cal.month(2015, 8)) ↵
     August 2015
Mo Tu We Th Fr Sa Su
               1  2
 3  4  5  6  7  8  9
10 11 12 13 14 15 16
17 18 19 20 21 22 23
24 25 26 27 28 29 30
31
```

calendar 대신 cal이라는 간단한 이름을 사용했다.

◆ from

from이라는 키워드를 사용하여 패키지에서 특정 모듈만 쓰거나 모듈에서 특정 클래스와 함수만 사용할 수 있다.

```
from 패키지(모듈 이름) import 모듈 이름(클래스 이름, 함수 등)
```

실제 사용 코드를 살펴보자. 다음 예에서는, calendar 모듈에서 month 함수와 윤년인지 여부를 판정한 isleap 함수를 사용한다. isleap 함수는 인자로 전달한 연도가 윤년이면 True를 반환하고 아닌 경우는 False를 반환한다.

Console

```
>>> from calendar import month, isleap ↵
>>> print(month(2015, 9)) ↵
    September 2015
Mo Tu We Th Fr Sa Su
    1  2  3  4  5  6
 7  8  9 10 11 12 13
14 15 16 17 18 19 20
21 22 23 24 25 26 27
28 29 30
>>> isleap(2012) ↵ ———————————————— 2012년이 윤년인지 여부를 확인
True ————————————————————————————————— 윤년이 맞음
```

from을 사용하면 실행 과정에서 패키지 이름과 모듈 이름을 쓰지 않아도 되는 장점이 있다.

▶ **from 미사용**

```
>>> import calendar ↵
>>> calendar.isleap(2015) ↵ ————————————— calendar.에 이어 함수를 사용해야 함
False
```

▶ **from 사용**

```
>>> from calendar import isleap ↵
>>> isleap(2015) ↵ ———————————————————— calendar. 없이 사용 가능
False
```

기타 표준 라이브러리

파이썬의 표준 라이브러리에는 매우 많은 종류의 모듈과 패키지가 있다. 그중 몇 개를 추려 사용법을 소개하겠다. 다른 표준 라이브러리를 알고 싶으면 온라인 문서를 참고하도록 한다. 그 방대함에 압도당할 수도 있는데, 전부 알아둘 필요는 없다. 덧붙여 말하자면, 파이썬 프로그래머로 일하고 있는 사람도 모든 라이브러리를 완벽히 파악하고 있는 사람은 아마 없을 것이다. 어떤 기능이 표준 라이브러리로 제공되는지 정도를 기억해 두었다가 필요할 때 생각해 낼 수 있으면 충분하다.

▶ 표준 라이브러리 공식 문서

파이썬 3 `URL` http://docs.python.org/3.6/library/index.html

파이썬 2 `URL` http://docs.python.org/2/library/index.html

 시간/날짜 관련 표준 라이브러리

프로그램을 만들면서 의외로 많이 쓰는 것이 시간이나 날짜에 관한 기능이다.

◆ datetime 모듈

datetime 모듈에는 많은 기능이 있다. 일부만 선별하여 소개하겠다.

▶ datetime 모듈 공식 문서

파이썬 3 `URL` http://docs.python.org/3.6/library/datetime.html

파이썬 2 `URL` http://docs.python.org/2.7/library/datetime.html

◆ 오늘 날짜 획득

datetime 모듈의 date 객체를 이용한다.

```
>>> from datetime import date ↵
>>> date.today() ↵
datetime.date(2015, 12, 5) ●──────────── 실행 시점의 날짜가 표시
```

위 예에서 출력된 2015년 12월 5일은 필자가 수행한 날짜다. 또한, 여기서 출력된 datetime. date(2015, 12, 5)는 date형 객체다. 읽기 좋은 형태의 문자열로 변환하는 방법을 알아보자.

♦ date형 데이터를 문자열로 변환

date형 객체를 문자열로 변환하려면 date형의 strftime 메소드를 사용한다.

```
>>> from datetime import date ↵
>>> today = date.today() ↵
>>> today.strftime('%Y%m%d') ↵
'20151205'
>>> today.strftime('%y/%m/%d') ↵
'15/12/05'
>>> today.strftime('%Y년%m월%d일') ↵
'2015년12월05일'
>>> today.strftime('%Y %B %d %a') ↵
'2015 December 05 Sat'
```

두 번째 줄에서 오늘의 날짜를 today라는 변수에 대입했다. 그리고 date 객체의 strftime() 메소드를 호출했다. 이에 따라 오늘 날짜가 읽기 좋은 형태로 출력되었는데, 여기서 알아야 하는 것이 strftime 메소드에 인자로 전달한 포맷(출력 형식)이다. 미리 정해진 기호를 잘 조합하면 원하는 형태로 날짜를 출력할 수 있다. 많이 사용되는 기호를 다음 표에 정리하였다.

표 **날짜의 형식**

기호	표시되는 형식
%Y	서기 연도를 네 자릿수로 표시
%y	서기 연도를 두 자릿수로 표시
%m	달을 두 자릿수로 표시
%B	영어로 달을 표시
%b	영어로 달을 단축하여 표시
%A	영어로 요일을 표시
%a	영어로 요일을 단축하여 표시

◆ 현재 날짜와 시간을 취득

datetime 모듈의 datetime 객체를 이용하면 날짜와 시간 정보를 취득할 수 있다(앞서 알아본 date 객체는 날짜 정보만 다룬다). 특이하게도 모듈과 객체의 이름이 datetime으로 똑같다.

```
>>> from datetime import datetime ↵
>>> datetime.now() ↵
datetime.datetime(2015, 12, 5, 21, 48, 36, 913111)
```

표시된 데이터는 왼쪽부터(연, 월, 일, 시, 분, 초, 마이크로초)에 해당한다. 반복해서 여러 번 datetime.now()을 실행해 보면 표시되는 시간이 점점 바뀌는 것을 확인할 수 있다. 그리고 datetime형 데이터도 문자열로 변환하는 strftime 메소드를 사용할 수 있다.

```
>>> from datetime import datetime as dt ↵
>>> now = dt.now() ↵
>>> now.strftime('%Y-%m-%d %H:%M:%S') ↵
'2015-12-05 23:12:17'
```

첫 번째 줄에서 datetime 모듈의 datetime 객체를 dt라는 이름으로 읽었다. 그리고 now 메소드를 사용해서 현재 시각을 변수 now에 대입했다. 그리고 strftime 메소드를 사용하여 현재 날짜와 시간을 문자열로 출력했다. strftime 메소드에 전달하는 표시 형식 중 시간에 대한 기호를 다음 테이블에 정리했다.

표 **시간 표시 형식**

기호	표시되는 형식
%H	24시간 표기로 시간을 표시
%I	12시간 표기로 시간을 표시
%p	AM / PM 표시
%M	분을 두 자릿수로 표시
%S	초를 두 자릿수로 표시
%f	마이크로초를 6자릿수로 표시

◆ 일주일 후의 날짜 취득

일주일 후의 날짜를 알고 싶으면 오늘 날짜에 7을 더하여 계산한다. 파이썬에서는 `timedelta` 객체를 사용하여 계산할 수 있다.

```
>>> from datetime import date, timedelta ↵
>>> today = date.today() ↵
>>> today ↵
datetime.date(2015, 12, 6)
>>> one_week = timedelta(days = 7) ↵
>>> today + one_week ↵
datetime.date(2015, 12, 13)
>>> today - one_week ↵
datetime.date(2015, 11, 29)
```

`timedelta()`에 days=7이라는 데이터를 주면 7일분의 데이터를 반환한다. 그것을 one_week 변수에 대입하고, 오늘 날짜가 들어 있는 today에 일반 사칙연산처럼 +(플러스)를 하면 일주일 후의 date형 객체를 얻을 수 있다. 물론, 덧셈뿐만 아니라 뺄셈으로 일주일 전의 날짜를 취득할 수도 있다.

`timedelta` 객체에 전달하는 days의 숫자를 변경하면 원하는 날짜만큼의 데이터를 얻을 수 있다. 예컨대 100일 후의 날짜도 `timedelta`를 사용하면 쉽게 구할 수 있다.

 ## zip 파일을 만들거나 압축 풀기

zip 파일을 인터넷에서 내려받거나 파일들을 zip 형식으로 압축해 본 적이 있을 것이다. 파이썬에서는 `zipfile` 모듈을 사용하여 zip 파일을 다룰 수 있다.

▶ **zipfile의 공식 문서**

　　파이썬 3 URL http://docs.python.org/3.6/library/zipfile.html

　　파이썬 2 URL http://docs.python.org/2.7/library/zipfile.html

✦ 압축을 푸는 방법

우선, zip 파일의 압축을 풀어 보자. 예를 들기 위해 파이썬의 소스 코드 'python-3.6.0-embed-amd64.zip'을 파이썬 웹사이트에서 다운로드한다. 압축을 풀기만 할 것이므로 운영체제나 버전에 신경 쓰지 않고 다운로드해도 된다. 다음 링크에서 zip 파일을 다운로드한다.

▶ 파이썬 3.6.0

   URL https://www.python.org/downloads/release/python-360/

혹은 이미 컴퓨터에 zip 파일이 있으면 그것으로 시험해도 좋다. 이번 예제에서 사용할 zip 파일은 C 드라이브에 새로운 폴더를 만들고, 그 안에 넣어 두도록 한다. 예제에서는 C 드라이브 밑에 python이라는 폴더를 만들었다. 프로그램으로 zip 파일을 압축을 풀려고 할 때 해당 경로에 쓰기 권한이 없으면 퍼미션 에러가 발생하니 주의하도록 한다.[16] 준비가 되었으면 인터랙티브 셀을 켜고 다음과 같이 실행한다.

```
>>> import zipfile ↵
>>> files = zipfile.ZipFile('python-3.6.0-embed-amd64.zip') ↵
>>> files.namelist() ↵
['pyexpat.pyd', 'python.exe', 'python3.dll', 'python35.dll', 'python35.
        zip', 'pythonw.exe', 'pyvenv.cfg', 'select.pyd', 'sqlite3.dll',
        'unicodedata.pyd', 'vcruntime140.dll', 'winsound.pyd', '_bz2.pyd',
        '_ctypes.pyd', '_decimal.pyd', '_elementtree.pyd', '_hashlib.pyd',
        '_lzma.pyd', '_msi.pyd', '_multiprocessing.pyd', '_overlapped.
        pyd', '_socket.pyd', '_sqlite3.pyd', '_ssl.pyd']
>>> files.extract('python.exe') ↵
'/python/python.exe' ●━━━━━━━━━━━━━━━━━━━━━━━━━━━━━ 맥의 경우
'C:₩₩python₩₩python.exe' ●━━━━━━━━━━━━━━━━━━━ 윈도우의 경우
>>> files.extractall() ↵
>>> files.close() ↵
```

zipfile 모듈의 ZipFile 메소드를 사용하여 준비한 zip 파일을 읽었다. 이때 ZipFile 메소드는 대소문자에 주의한다.

혹시 ZipFile 메소드로 파일을 읽을 때 다음과 같이 FileNotFoundError 에러가 발생한다면

---

[16] 옮긴이 퍼미션 에러(permission error)가 발생한다면 (윈도우 기준) 파이썬 IDLE 또는 파이썬 셀을 실행할 때 오른쪽 클릭 → '관리자 권한으로 실행'으로 실행한 뒤 다시 수행해 보자.

지정한 파일이 파이썬의 실행 경로에 없기 때문이다. 파일의 위치를 바꾸거나 파일이 있는 위치에서 실행해 본다. 빠른 해결책 중 하나는 명령 프롬프트나 터미널에 zip 파일을 드래그 앤드 드롭한다. 그렇게 하면 파일의 경로가 표시된다. 그 위치를 복사하여 zipfile.ZipFile 함수에 인자로 전달하면 된다.

▶ 에러의 예

```
>>> files = zipfile.ZipFile('python-3.6.0-embed-amd64.zip')
Traceback (most recent call last):
  File "<stdin>", line 1, in <module>
  File "/Library/Frameworks/Python.framework/Versions/3.6/lib/
        python3.6/zipfile.py", line 1006, in __init__
    self.fp = io.open(file, filemode)
FileNotFoundError: [Errno 2] No such file or directory: 'python-3.6.0-embed-amd64.zip'
```

Zipfile 객체를 생성하는 데 성공하면 namelist 메소드를 사용하여 어떠한 파일이 압축되어 있는지 확인할 수 있다. 그래서 그중 원하는 파일만 압축을 풀 수도 있다. extract 메소드에 namelist 메소드에서 취득한 파일 이름을 입력하면 그 파일만 압축이 풀리고, 저장된 경로가 표시된다.

한꺼번에 전부 압축을 풀려면 extractall 메소드를 사용한다. 압축을 전부 풀었으면 zipfile 객체의 close 메소드를 호출하여 종료한다.

◆ 압축하기

예제에서는 앞서 사용한 파일들을 활용하지만, 독자들은 직접 본인의 컴퓨터에 있는 파일들을 대상으로 시험해 보기 바란다. 압축을 하고 제대로 압축되어 있는지를 확인하는 코드는 다음과 같다.

```
>>> import zipfile
>>> zip_file = zipfile.ZipFile('python_code.zip', mode='w')
>>> zip_file.write('python.exe', 'python')
>>> zip_file.close()
>>> file = zipfile.ZipFile('python_code.zip')
>>> file.namelist()
['python']
```

첫 줄에서 zipfile 모듈을 import한다. 그리고 두 번째 줄에서 zip 파일의 압축을 풀 때 사용한 ZipFile 메소드를 다시 사용한다. 그러나 이번에는 압축을 풀 때와는 다른 인자를 전달한다.

```
zipfile.ZipFile('압축 후의 파일 이름.zip', mode='w')
```

첫 번째 인자는 생성될 zip 파일의 이름이다. 그리고 두 번째 인자에는 mode='w'라고 썼다. 이 'w'는 write의 w로 압축하여 새로운 파일을 쓴다는 뜻이다.

세 번째 줄에서는 어떤 파일을 어떤 이름으로 압축할지 지정했다. 여기서는 python.exe를 python이라는 이름으로 압축하도록 지정했다. 네 번째 줄에서는 압축을 풀 때와 마찬가지로 close 메소드를 호출하여 처리를 종료했다. 실제로 잘 압축되었는지 확인하기 위해 다섯 번째 줄에서 압축한 파일을 읽었다.

```
>>> file = zipfile.ZipFile('python_code.zip') ↵
>>> file.namelist() ↵
```

namelist 메소드를 사용하여 압축된 파일 리스트를 확인하니 압축할 때 지정한 이름('python')으로 압축이 된 것을 확인할 수 있었다.

Chapter 5

프로그램에서 파일 읽고 쓰기

이번 장에서는 파일에 데이터를 쓰거나 읽는 방법을 배운다. 그 전 단계로 컴퓨터를 키보드만으로 조작하는 방법을 소개하겠다. 콘솔 조작에 익숙하지 않은 독자들에게 도움이 될 것이다.

5-1

파일의 위치

파이썬에서 파일을 다루기 전에 먼저 파일의 위치를 나타내는 방법을 알아보자.

프로그램에서 파일을 다루기 위해서는 우선 '파일의 위치'라는 개념을 이해해야 한다. 왜냐하면 파일을 열려면 읽기를 원하는 파일이 어디 있는지 그 '위치'를 프로그램에 전달해야 하기 때문이다. 파일을 만들 때도 마찬가지로 파일을 저장하고 싶은 '위치'를 프로그램에 전달해야 한다. 위치를 손가락으로 가리킨다고 전해지지는 않으니 '파일의 위치를 전달하는 방법'을 배워 보자.

 ## 어디에 저장할까?

먼저, 여러분이 컴퓨터에 파일을 저장할 때를 떠올려 보자. 예를 들어, 인터넷에서 이미지를 다운로드할 때 다운로드 폴더에 저장하는 사람도 있고, 사진 폴더에 저장하는 사람도 있을 것이다. 혹은, 바탕화면 위에 저장하는 사람도 있을 것이다. 이 바탕화면도 하나의 폴더다. 컴퓨터 안에는 이러한 폴더가 계층적으로 많이 존재한다.

 ## 바탕화면을 텍스트로 표현하는 방법

윈도우에서 바탕화면의 위치는 다음과 같다.

서식

C:₩Users₩(사용자 이름)₩Desktop

C는 하드 디스크 드라이브의 이름이다. 그 C 드라이브의 아래에 Users라는 폴더가 있고, 그 아래에 사용자 이름의 폴더가 있고, 그 아래에 Desktop(바탕화면)이 있는 것이다.

한편, 맥에서는 다음과 같다.

```
/Users/(사용자 이름)/Desktop
```

마찬가지로 Users라는 폴더 아래에 사용자 이름의 폴더가 있고, 그 아래에 Desktop이라는 폴더가 있다. 이처럼 파일이나 폴더의 위치는 모두 텍스트로 나타낼 수 있다.

5-2

사용자 인터페이스

여기서는 파이썬 프로그래밍을 학습하는 데 필수적으로 알아야 하는 개념인 사용자 인터페이스, GUI와 CUI에 대해서 설명한다. 이미 아는 내용이라면 건너뛰어도 되지만, 그렇지 않다면 CUI와 GUI가 각각 무엇인지에 관해 확실히 이해하도록 하자.

GUI, CUI는 각각 다음과 같은 뜻을 가진다.

▶ **GUI** ········ **Graphical User Interface**
▶ **CUI** ········ **Character User Interface**

 ## 사용자 인터페이스란?

우선, 두 용어에 공통으로 나타나는 user interface란 무엇일까? 여기서 말하는 user(사용자)는 컴퓨터를 사용하는 우리 자신을 가리킨다. 그리고 interface(인터페이스)는 경계면이나 접점을 뜻한다. 즉, 사용자와 컴퓨터와의 '접점'을 뜻한다. 접점이란 말이 어렵다면 간단하게 컴퓨터를 조작하는 화면으로 이해하자. 컴퓨터 안에 있는 데이터는 컴퓨터의 디스플레이가 아니면 볼 수 없다. 여기서는 화면이 사용자와 컴퓨터 데이터 사이의 접점이 된다.

 ## GUI와 CUI

Graphical과 Character의 차이는 컴퓨터의 데이터를 시각적으로 표시할지, 문자로 표시할지에 대한 표현 방법의 차이다. GUI의 예는 우리가 별로 의식하지 않고 보고 있는 윈도우와 맥의 컴퓨터 화면이다.

한편, CUI는 명령 프롬프트나 터미널처럼 글자만으로 표시되는 화면이다. 지금까지 콘솔을 사용하여 파이썬 프로그램을 작성하고 돌려봤는데 그 콘솔이 바로 CUI다.

GUI와 CUI는 생김새가 전혀 다르므로 전혀 별개의 다른 소프트웨어로 생각할 수 있다. 하지만 GUI와 CUI는 표현의 방식인 디자인만 다를 뿐 내용은 같은 것이다. 예를 들어, CUI(콘솔)를 사용하여 바탕화면에 새로운 파일을 만들면 GUI에서도 바로 확인할 수 있다. 반대로 GUI에서 바탕화면의 파일을 삭제하면 CUI에서도 그 파일이 삭제된 것으로 나온다.

그림 CUI의 위치와 GUI의 위치는 대응된다

그러면 이제부터 프로그램에서 파일을 읽거나 쓰는 방법을 알아볼 것인데, 앞서 설명한 대로 프로그램에서 파일을 조작하려면 파일의 위치를 정확히 프로그램에 전달해야 한다. 다음 장에서 계속해서 알아보자.

♪ CUI는 무슨 약자인가?

앞서 CUI는 Character User Interface라고 했는데, Console User Interface의 약자이기도 하며, CLI(Command Line Interface)라고 불리는 경우도 있다. 콘솔(console)이라는 것은 윈도우에서는 명령 프롬프트, 맥에서는 터미널을 의미한다. Command Line도 같은 의미로 사용된다. 조금씩 용어가 다르지만 본질적으로 차이가 없다.

5-3

CUI로 컴퓨터를 조작하는 방법

GUI에서는 마우스를 이용하여 애플리케이션을 실행하거나 폴더를 연다. 그러나 CUI에서는 조작할 내용을 모두 키보드를 이용하여 문자로 입력해야 한다. 예를 들어, 파일을 편집하고 싶으면 먼저 파일의 위치를 지정하는 것부터 시작해야 한다.

CUI에서는 키보드로 문자를 입력해서 명령어를 실행시킨다. 익숙하지 않겠지만, 직접 실습하면서 배워 보자. CUI를 사용하는 방법은 OS(윈도우/맥)에 따라 다르다. 사용하는 운영체제에 따라 실습하도록 한다(맥의 경우 ➡ p.184).

 ## 윈도우의 경우

먼저, 명령 프롬프트를 실행한다. 이미 실행하여 무언가를 수행하고 있었다면 다시 실행하여 처음부터 시작하는 것이 좋다.

지금까지는 'python'을 입력하여 인터랙티브 셸을 실행하여 코드를 입력했는데, 이번에는 인터랙티브 셸을 사용하지 않는다. 파이썬에서 조금 벗어나서 윈도우 커맨드와 CUI에 익숙해져 보자. 윈도우 커맨드란, CUI에서 윈도우를 조작하기 위해 준비된 명령어들이다.

먼저, 현재 위치를 확인하는 명령어다. 명령 프롬프트에 'cd'라고 입력해 본다. 그러면 다음과 같이 표시된다.

```
C:\Users\kamata>cd ↵
C:\Users\kamata

C:\Users\kamata>
```

cd 명령어를 실행하면 현재 콘솔이 컴퓨터 안의 어디를 참조하고 있는지가 표시된다. 위 예에서는 Users 폴더 안의 kamata 폴더를 참조하는 것으로 출력되었다. 다음으로, '지금 있는 폴더 안에 무엇이 있는가'를 표시해 보자. 폴더의 내용을 표시하려면 dir이라는 명령어를 사용한다. 직접 입력해 보자.

```
C:\Users\kamata>dir ↵
 Volume in drive C is Windows
 Volume Serial Number is xxxx-xxxx

 Directory of C:\Users\kamata

2015/12/01 18:02    <DIR>          .
2015/12/01 18:02    <DIR>          ..
2015/10/09 19:48    <DIR>          .gimp-2.8
2014/03/07 12:05    <DIR>          .gradle
2015/11/17 20:50    <DIR>          .idlerc
…생략
2015/12/01 18:27    <DIR>          .vagrant.d
2015/12/01 18:29    <DIR>          .VirtualBox
2016/01/08 16:12    <DIR>          Desktop
```

현재 폴더 안의 파일/폴더 목록이 출력되었다

♪ CUI에서 폴더에 대한 표현

CUI로 컴퓨터를 다룰 때 '현재 어떤 폴더 안의 내용을 보고 있는가'를 종종 '현재 내가 어디에 있는가'라고 표현한다. 이는 커서가 어디에 있는지로 생각해도 좋을 것이다(커서 비유 ➡ p.197).

또한, '○○ 폴더 안'을 '○○ 폴더 밑'이라고 표현하기도 한다. 이것도 GUI와 CUI의 차이를 생각해 보면 이해하기 쉽다. 예를 들어, aa\bb(맥에서는 aa/bb)는 GUI에서는 'bb폴더가 aa폴더 안에 있다'라고 표현하지만, CUI에서는 'bb는 aa폴더 밑에 있다'라고 표현한다.

만약 기존에 어떤 파일을 다운로드받았거나 문서를 작성하여 사용자 이름 폴더 밑에 두었다면 dir 명령어의 결과에 출력되었을 것이다.

이제 위치를 바꿔 보자. CUI에서 위치를 바꿀 때에도 cd 명령어를 사용하는데, 방금 전과 달리 cd에 이어서 이동하고 싶은 곳의 위치를 지정해야 한다. 다음과 같이 따라해 본다.

```
C:\Users\kamata>cd Desktop ↵

C:\Users\kamata\Desktop>
```

cd 뒤에 스페이스를 한 개 넣고, 'Desktop'이라 입력하여 이동할 위치를 지정하였다. Desktop은 이름 그대로 평소 GUI에서 보고 있는 데스크톱(바탕화면)을 의미한다. 실행하면, 방금 전까지 '사용자 이름 폴더'에 있었는데, Desktop이라는 폴더로 이동하게 된다. 바탕화면에 파일을 두었으면 여기서 dir 명령어를 실행했을 때 표시될 것이다.

이번에는 CUI에서 새로운 폴더나 파일을 만들어 보자. 폴더를 만들기 위해서는 mkdir 명령어를 사용한다. 폴더에는 반드시 이름이 필요하니 mkdir 뒤에 스페이스를 하나 넣고, 폴더 이름을 지정한다.

서식

```
mkdir 폴더명
```

```
C:\Users\kamata\Desktop>mkdir py_folder ↵

C:\Users\kamata\Desktop>
```

py_folder라는 이름의 폴더를 만들었다. dir 명령어를 입력하면 폴더가 만들어진 것을 확인할 수 있다. CUI에서 수행한 것은 GUI에서도 확인할 수 있다. 바탕화면을 보면 방금 만든 폴더가 보일 것이다. 이를 통해 우리가 CUI에서 조작한 위치가 바로 평소 보던 바탕화면이었음을 알 수 있다.

그림 바탕화면에 폴더가 작성되었다

◆ 명령 외우는 법

cd와 mkdir이라는 명령어를 알아봤는데, 각각의 명령어는 그 기능을 짧게 줄인 말이다. 의미 없는 글자의 나열이라면 기억하기 어렵지만, 유래나 뜻을 알아두면 쉽게 기억할 수 있으니 여기서는 명령어의 이름에 담긴 뜻을 소개하겠다.

우선, 현재 위치를 표시하거나 현재 위치를 이동하는 명령어인 cd는 'current directory' 및 'change directory'의 약어다. 디렉터리는 폴더와 거의 같은 뜻이라고 봐도 좋다. 그리고 현재 위치에 있는 파일들을 출력하는 명령어인 dir은 directory의 약어다. 지금 위치해 있는 디렉터리(폴더)에 있는 파일을 표시한다는 뜻이다. 마지막으로 mkdir은 'make directory'의 약어로, 디렉터리(폴더)를 만든다는 뜻이다. 모든 명령어들이 기능을 약어로 이름 지어진 것을 알 수 있다.

표 지금까지 배운 명령어 목록

커맨드	유래	내용
cd	current directory change directory	현재 위치를 표시 현재 위치에서 다른 위치로 이동
dir	directory	현재 위치에 있는 파일 목록을 표시
mkdir	make directory	현재 위치에 지정한 폴더를 생성

명령어를 읽는 방법에 대하여

혼자 공부할 때와 달리 학교와 직장 등에서는 명령어를 소리 내어 읽으면서 동료들과 이야기할 경우가 생기곤 한다. 대부분의 명령어는 공식적인 호칭이 없으므로 사람마다 다양하게 말한다. dir 명령어를 예로 들면 '디아이알', '디르', '딜' 등 여러 가지가 있을 수 있다. 특별히 정해진 규칙은 없으니 본인이 읽기 쉬운 것으로 부르면 된다.

 ## 맥의 경우

먼저, 터미널을 연다. 애플리케이션 폴더에서 유틸리티 폴더를 찾으면 그 안에 터미널이 있다.

그림 **터미널(shell은 디폴트 bash)**

지금까지는 터미널에서 'python3'을 입력하여 인터랙티브 셸을 실행하여 프로그램을 입력했었다. 그러나 여기서는 인터랙티브 셸을 실행하지 않고 파일의 위치를 확인하면서 CUI에 익숙해지는 연습을 할 것이다. CUI로 컴퓨터를 조작하기 위해 몇 가지 명령어들이 준비되어 있다.

우선, 현재 위치를 확인하는 명령어인 pwd가 있다. 터미널에 'pwd'라고 입력하고 [Enter]를 눌러보자. 그러면 다음과 같이 출력될 것이다.

```
$ pwd ↵
/Users/kamata
```

pwd는 현재 콘솔이 컴퓨터 안의 어디에 있는지를 표시하는 명령이다. 예에서는 Users 폴더 안의 kamata 폴더 안에 있다고 나왔다(kamata는 필자가 컴퓨터에 설정한 사용자 이름이다).

다음으로, 이 폴더 안에 무엇이 있는지 알고 싶을 때는 ls라는 명령어를 사용한다. ls는 현재 위치해 있는 폴더에 있는 파일이나 폴더의 목록을 표시해 준다. 터미널에 직접 입력해 보자.

Console

```
$ ls ↵
Applications      Public        Library
Desktop           Movies        Documents
Music             Downloads     Pictures
```

출력되는 결과는 사용자의 환경에 따라 다를 것이다. 다운로드받은 파일이나 작성한 파일들이 목록 안에 있을 수 있다.

현재 위치와 그 안에 있는 파일/폴더 목록을 출력하는 명령어를 배웠다. 이번에는 현재 위치를 이동해 보자. 현재 위치를 변경하기 위해서는 cd 명령어를 사용하면 된다. cd 명령 뒤에는 이동하고 싶은 위치를 지정한다. 아무것도 지정하지 않으면 /Users/(사용자 이름), 즉 첫 위치로 돌아가게 된다. 그러면 직접 입력하여 확인해 보자.

Console

```
$ cd Desktop/ ↵
$ pwd ↵
/Users/kamata/Desktop
$ ls ↵
$
```

첫 번째 줄에서 cd 명령어를 사용했다. cd에 이어 스페이스를 한 개 넣고, Desktop/을 지정하여 현재 위치를 이동했다. Desktop은 평소 보는 바탕화면을 의미한다. 이어 두 번째 줄에서 pwd 명령어로 현재 위치를 출력했다. 그러자 Desktop 폴더로 이동한 것이 출력되었다. 마지막으로, ls 명령을 입력하여 현재 위치(Desktop)에 있는 파일 목록을 출력하였다. 위 예에서는 아무것도 출력되지 않았는데, 그것은 필자가 바탕화면에 아무것도 놓지 않았기 때문이다. 만약 바탕화면에 파일을 두었다면 해당 파일들의 목록이 출력되었을 것이다.

지금까지 위치를 이동하거나 파일 목록을 출력하는 명령어를 사용했는데, 이번에는 새로운 폴더나 파일을 만들어 보자. 폴더를 만들기 위해서는 `mkdir` 명령어를 사용한다.

폴더에는 이름이 필요하니 다음과 같이 지정한다.

```
mkdir 폴더명
```

console

```
$ mkdir python_folder ↵
$ ls
python_folder
```

첫 번째 줄에서 `python_folder`라는 폴더를 만들었다. 두 번째 줄에서는 `ls` 명령어로 폴더가 만들어진 것을 확인하였다. 폴더가 작성된 것을 GUI에서도 확인해 보기 바란다. 이를 통해 CUI에서 작업한 위치가 GUI에서 항상 보던 바탕화면임을 알 수 있다.

♦ 명령어를 외우는 방법

각 명령어는 그 기능을 짧게 줄인 말이다. 단순히 명령어를 외우려고 하면 어려울 수 있으니 여기서는 각 명령어의 뜻을 소개하고자 한다. 우선, 현재 위치를 표시하는 명령어인 pwd는 print working directory의 약어다. 번역하면 '작업하고 있는 디렉터리를 표시하라'는 뜻이다. 디렉터리는 폴더와 같은 뜻이다.

다음으로, 현재 위치에 존재하는 파일의 목록을 표시하는 명령어인 `ls`는 'list'의 약어다. 지금 있는 곳에 존재하는 파일의 리스트를 표시하라는 뜻이다. 그리고 현재 위치를 이동하는 명령어인 cd는 'change direcotry'의 약어다. 디렉터리, 즉 폴더를 교체한다는 뜻이다. 그리고 마지막으로 `mkdir`는 make directory의 약어로서 디렉터리(폴더)를 만든다는 뜻이다.

표 배운 명령어 목록

명령	유래	내용
pwd	print working directory	현재 위치를 표시
ls	list	현재 위치에 있는 파일 목록을 표시
cd	change directory	현재 위치를 다른 곳으로 이동
mkdir	make directory	현재 위치에 폴더를 생성

파일을 다루는 프로그래밍을 시작할 준비

파이썬에서 파일을 사용하기 위해서는(읽거나 쓰거나) 파이썬에 파일의 위치를 알려 줄 필요가 있다. 이를 설명하기 위해 파이썬에서 잠시 벗어나서 윈도우, 맥에서 각각 CUI로 파일을 조작하는 방법을 간단히 소개했다.

이제 다시 파이썬에서 파일을 다루는 방법을 알아보자. 먼저, 늘 그랬던 것처럼 인터랙티브 셸을 실행하는데, 이번에는 전용 폴더 py_folder를 만들고 그 안에서 실행하자.

◆ 윈도우의 경우

윈도우에서는 다음과 같이 실행한다.

```
cd Desktop ↵ ●──────────────────────────── 바탕화면으로 이동
mkdir py_folder ↵ ●─────────────────────── 신규 폴더 작성
cd py_folder ↵ ●────────────────────────── 위에서 작성한 폴더로 이동
python ↵ ●──────────────────────────────── 인터렉티브 셸 실행
```

여기서 **cd Desktop**으로 Desktop 폴더로 이동하고 싶으면 현재 위치가 (사용자 이름)폴더에 있어야 한다. 만약 그렇지 않아서 에러가 발생했다면 먼저 **cd C:\Users**로 이동한 후, **dir**을 통해 (사용자 이름)폴더 이름을 확인하여 이동한 후 실행하도록 한다.

◆ 맥의 경우

맥에서는 다음과 같이 실행한다.

Console

```
bash-3.2$ cd Desktop/ ↵ •———————————————————— 바탕화면 디렉터리로 이동
bash-3.2$ mkdir py_folder ↵ •———————————————— py_folder를 작성
bash-3.2$ cd py_folder/ ↵ •———————————————————— py_folder를 이동
bash-3.2$ python3 ↵ •———————————————————————— 인터렉티브 셸을 기동
```

py_folder를 만든 뒤 그 안으로 이동하여 인터랙티브 셸을 실행했다.

5-4

파일 객체

파이썬에서 파일을 읽거나 쓰려면 먼저 파일 객체를 만들어야 한다.

 파일 객체란?

파일 객체는 파이썬에서 파일 입출력을 하기 위한 기능을 모아 놓은 객체다.

파일 객체를 만들려면 open()이라는 내장 함수(➡ p.127)를 사용한다. 우선은 이 open 함수와 파일 객체에 관해 알아보자.

파일 객체에는 몇 가지 모드가 존재한다. 모드란, '전투 모드'나 '방어 모드'처럼 특정 기능에 특화된 상태라고 보면 된다. 파일 객체의 경우에는 쓰기 모드, 읽기 모드, 혹은 양쪽을 모두 포함한 모드가 있다. 프로그램에서 어떻게 사용할지에 따라 모드를 지정한다.

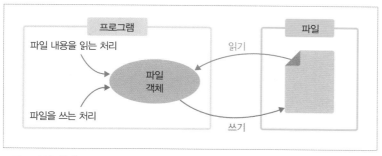

그림 **파일 객체**

파일 객체 만들기

파일 객체를 만드는 서식은 다음과 같다.

```
open("파일명","모드")
```

open 함수는 print 함수와 마찬가지로 내장 함수이므로 특별히 라이브러리를 import하지 않아도 된다(import ➡ p.164).

함수의 첫 번째 인자에는 읽거나 쓸 파일의 이름을 넘기고, 두 번째 인자에는 만들려고 하는 객체의 모드(읽기, 쓰기 등)를 지정한다.

표 모드 지정 방법

모드	의미
r	지정한 파일을 읽는 모드
w	지정한 파일을 새롭게 쓰는 모드
a	지정한 파일에 이어 붙이는 모드

각각 read의 r, write의 w, 그리고 append의 a로 기억한다. 여기서 주의할 점이 있다. 그것은 읽기 모드로 존재하지 않은 파일을 지정하여 파일 객체를 만들려고 하면 오류가 발생한다는 점이다. 존재하지 않는 것을 읽기 위해 열려고 시도하니 에러가 나는 것도 당연하다. 실제로 시도해 보면 다음과 같이 된다.

```
>>> open('null.txt', 'r') ↵
Traceback (most recent call last):
  File "<stdin>", line 1, in <module>
FileNotFoundError: [Errno 2] No such file or directory: 'null.txt'
```

존재하지 않는 null.txt라는 파일을 읽기 모드로 파일 객체를 만들려고 하니 FileNotFound Error라는 오류가 발생했다. 맨 아래줄에 표시된 영문 메시지는 'null.txt라는 이름의 파일이나 디렉터리를 찾을 수 없다'라는 뜻이다.

한편, 쓰기 모드로 파일 객체를 생성할 때는 지정한 파일이 존재하지 않아도 오류가 발생하지 않는다. 왜냐하면 쓰기 모드는 파일의 존재 여부에 상관없이 지정한 파일 이름에 데이터를 쓰기 때문이다. 파일이 존재하지 않으면 새롭게 파일이 생성되고, 이미 존재한다면 데이터를 덮어쓰게 된다. '메모장'이나 '텍스트 에디터'에서도 문서를 저장할 때 해당 경로에 이미 파일이 있는 경우 덮어쓰겠냐고 묻는데, 덮어쓸 경우 기존 파일의 내용이 없어지고 새로 작성한 내용이 저장되는 것과 동일한 개념이다.

모드는 반드시 지정한다

파일 객체를 열 때 모드를 지정하지 않고 open('sample.txt')과 같이 호출하면 읽기 모드로 파일 객체가 만들어진다. 읽기 모드로 열 생각이라면 굳이 지정하지 않아도 되지만, 입문 단계에서는 모드라는 개념을 확실히 몸에 익히기 위해 반드시 명시적으로 지정하도록 한다. 나중에 코드를 다시 읽을 때 어떤 모드인지 쉽게 파악할 수 있는 장점도 있다.

 ## 쓰기 모드 테스트

파이썬에서 데이터를 파일에 쓰는 순서는 다음과 같다.

1 파일 객체를 쓰기 모드로 생성한다

2 파일 객체를 사용하여 파일에 데이터를 쓴다.

3 파일 객체를 닫는다.

이 절차에 따르는 예제를 살펴보자. 마지막에 파일 객체를 닫는 것을 확인한다.

```
>>> file_object = open('python.txt', 'w') ↵
>>> file_object.write('this is sample of python.') ↵
25 ●─────────────────────────────────────── 파일에 쓴 문자수가 표시됨
>>> file_object.close() ↵ ●──────────────────────── 파일 객체를 닫는다
>>> file_object.write('this is sample of python.') ↵ ●──── 정말 닫았는지 확인차 수행
Traceback (most recent call last):
  File "<stdin>", line 1, in <module> ┐
ValueError: I/O operation on closed file. ┘──── 파일 객체를 이미 닫았기 때문에 에러 발생
```

해설

첫 번째 줄에서 파일 이름은 python.txt로 하고 mode를 w(쓰기 모드)로 지정하여 파일 객체를 생성했다. 파일 객체는 `file_object`라는 변수에 저장했다. 변수 이름은 원하는 이름을 써도 좋다.

이어서 두 번째 줄에서는 `file_object`의 write 메소드를 사용한다. write 메소드는 인자로 지정한 데이터를 python.txt에 쓴다. 이어 마지막으로 파일 객체를 close 메소드를 사용하여 파기했다. close한 후에는 해당 파일 객체를 사용할 수 없다. 읽거나 쓰고 싶으면 파일 객체를 다시 만들어야 한다.

여기서 한 가지 짚고 넘어가야 할 점이 있다. 그것은 바로 파일 객체의 write 메소드가 호출될 때마다 파일에 데이터를 쓰는 것은 아니라는 점이다. 파일 자체는 open 함수로 파일 객체를 생성한 시점에서 생성되지만, write 메소드가 호출되자마자 그 파일을 GUI에서 열어 보면 아직 글이 써 있지 않을 수 있다. 왜 그럴까? 파일 입력 처리는 다른 처리에 비해 시간이 많이 걸린다. 함수가 호출될 때마다 파일에 쓴다면 프로그램 실행 시간에 큰 영향을 미치게 된다. 그래서 write 메소드를 실행할 때마다 파일에 쓰지 않고, 쓰는 내용을 어느 정도 쌓아 두고 특정 시점에 쓰도록 되어 있다.

이를 테면 저녁 식사에 필요한 재료가 생각 날 때마다 가게에 다녀오는 것은 왕복으로 인한 시간이 낭비된다. 필요한 재료는 가능하면 한꺼번에 묶어서 쇼핑을 다녀오는 것이 현명하다. 여기서 가게를 다녀오는 것이 글을 실제 쓰는 처리이고, 필요한 재료가 바로 파일에 쓰는 내용에 해당한다.

한편, 파일 객체를 close할 때는 반드시 파일 쓰기가 실행된다. 다시 쓸 일이 없을 것으로 판단이 가능한 시점이므로 쓰기가 수행되는 것이다.

파일 객체에 마련된 flush 메소드를 사용하면 쓰는 타이밍을 직접 지정할 수도 있다. 처리 시간을 잘 고려해서 사용해야 한다.

```
>>> file_object = open('python.txt', 'w') ↵
>>> file_object.write('this is sample of python.\n') ↵
26
>>> file_object.flush() ↵ ●─────────────────────── 실제 파일 쓰기를 수행
>>> file_object.close() ↵
```

새로 만든 파일의 위치 확인

쓰기 모드로 작성한 파일이 생성된 위치를 GUI에서 확인해 보자. 우리가 이번에 파이썬을 실행할 때 바탕화면 밑의 py_folder라는 폴더에서 실행했었다. 그리고 파일 객체의 write 메소드를 사용할 때 파일 이름만 지정하고 폴더는 지정하지 않았다. 이처럼 파일 이름만 지정하면 파이썬을 실행한 위치에 파일이 만들어진다. GUI에서 바탕화면 안에 있는 py_folder라는 폴더를 열어 보자. 그러면 프로그램을 통해 만든 파일이 보일 것이다.

그림 **GUI에서 본 파일의 스크린샷**

 ## 읽기 모드

파이썬에서 파일을 읽기 위해서는 다음 순서를 따른다.

1 읽기 모드로 파일 객체를 생성
2 파일 객체의 read 메소드로 데이터 읽기
3 파일 객체를 파기

예제 코드를 확인해 보자.

```
>>> file_object = open('python.txt', 'r') ↵
>>> file_object.read() ↵
'this is sample of python.'
>>> file_object.close() ↵
```

첫 번째 줄에서 open 함수를 사용하여 python.txt의 파일 객체를 만들었다. 파일에 쓸 때 사용한 예제에서처럼 파일 객체를 file_object라는 변수에 저장했다. 그리고 두 번째 줄에서

file_object의 read 메소드를 호출했고, 세 번째 줄에 이 python.txt 안에 쓰인 텍스트 'this is sample of python.\n'이 출력되었다.

여기서 파일을 열 때 파일 이름만 지정하여 열었다. 파이썬을 실행한 위치에 파일이 있으므로 문제 없이 읽힌 것이다. 만약 다른 위치에서 파이썬을 실행했다면 python.txt를 찾을 수 없다는 에러가 발생할 것이다.

 ## 파일과 그 위치 지정

바탕화면에 py_folder라는 폴더를 만들고, 그 안에 python.txt라는 파일을 파이썬으로 만들었다. 파일을 읽을 때는 파일을 만든 위치에서 실행하여 문제없이 읽을 수 있었다. 이번에는 같은 위치에 있지 않은 파일을 읽는 방법을 소개하고자 한다. open 함수를 호출할 때 파일명과 함께 파일의 위치도 포함하면 된다.

Console 윈도우의 경우

```
>>> file_object = open('C:\\Users\\사용자 이름\\Desktop\\py_folder\\python.txt',
    'r')  ↵
>>> file_object.read()  ↵
'this is sample of python.\n'
```

※ 윈도우에서는 폴더를 \\으로 구분해야 한다.

Console 맥의 경우

```
>>> file_object = open('/Users/사용자 이름/Desktop/py_folder/python.txt', 'r')  ↵
>>> file_object.read()  ↵
'this is sample of python.\n'
```

이렇게 하면 파이썬을 실행하는 위치에 상관없이 파일을 읽을 수 있다. 만약 No such file or directory라는 오류 메시지가 발생한다면 지정한 위치에 파일이 없거나 경로를 잘못 입력하지 않았는지 확인하도록 한다.

추가 모드

이번에는 이미 있는 파일에 텍스트를 추가해 보자. 순서는 다음과 같다.

1 추가 모드로 파일 객체를 생성

2 파일 객체의 write 메소드로 데이터 쓰기

3 파일 객체를 파기

쓰기 모드로 작성한 텍스트 파일 python.txt에 문자열 데이터를 추가해 보자.

```
>>> file_object = open('python.txt', 'a')
>>> file_object.write('Add data from program!!')
>>> file_object.close()
```

쓰기 모드 때의 코드와 비교해 보면 지정하는 모드 외에는 동일하다는 것을 알 수 있다. 위 코드를 실행한 뒤 python.txt를 열어 보면 글자가 추가되어 있는 것을 확인할 수 있다.

 ## 읽기+쓰기

지금까지 목적에 따라 모드(읽기 전용 혹은 쓰기 전용)를 지정하여 파일 객체를 사용했다. 그러나 프로그램을 만들다 보면 파일 안의 내용을 확인하여 내용을 추가하고 싶은 경우가 생길 수 있다. 이럴 때, 읽기용과 쓰기용 파일 객체를 각각 만드는 것이 아니라 읽기와 쓰기를 둘 다 수행할 수 있는 파일 객체를 생성하면 된다.

다음 예제를 보자. 읽기와 쓰기를 둘 다 하고 싶을 때는 r+라고 모드를 지정한다.

```
>>> file_object = open('python.txt', 'r+')
>>> file_object.read()
'this is sample of python.\n'
>>> file_object.write('this is sample of python.\nAdd data from program!!')
23
```

첫 번째 줄에서 파일을 r+ 모드로 열었다. 두 번째 줄에서 파일을 읽어 세 번째 줄에 'this is sample of python.₩n'이 출력되었다. 그 뒤 네 번째 줄에서는 write 메소드를 사용하여 텍스트를 파일에 썼다. 쓰는 내용은 'Add data from program!'이다. 그 다음 줄을 보면 23이라는 숫자가 출력되었다. 이 값은 무슨 값일까? 이 23은 'Add data from program!'의 문자 수다. 파일에 쓰인 문자 수가 표시되면 정상적으로 쓰였음을 알 수 있다. 여기까지 같은 파일 오브젝트로 읽고 쓰기를 실행했다. 이제 파일의 내용을 확인하기 위해 read 메소드를 사용해 보자.

```
>>> file_object.read() ↵
' '
```

어라! 빈 문자열이다. 왜 그럴까? 일단 파일 객체를 close하자.

```
>>> file_object.read() ↵
' '
>>> file_object.close() ↵
```

이 결과를 보면 파일에 데이터가 저장되지 못하고 오히려 삭제된 것처럼 보인다. 그래도 잘 저장되었으니 안심하도록 한다. 이렇게 출력된 이유는 첫 번째 read 메소드를 사용했을 때 파일을 읽는 위치가 변했기 때문이다.

여러분이 워드(Word)나 메모장에서 글을 편집할 때를 잘 생각해 보면 '커서'를 사용하고 있다. 파일을 읽는 위치는 이 커서와 비슷하다. 메모장에서 복사를 할 때 커서를 이용해서 시작과 끝을 선택한다. read 메소드를 사용하면 읽은 만큼 커서가 이동한다.

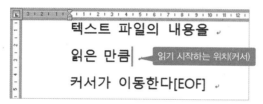

그림 read 메소드의 '파일을 읽기 시작하는 위치'

read 메소드를 사용한 후 다시 파일의 처음부터 읽기 원한다면 읽는 위치를 파일의 처음으로 옮겨 주어야 한다. 그때 사용하는 것이 seek 메소드다.

```
>>> file_object = open('python.txt', 'r+')
>>> file_object.read()
'this is sample of python.\n'
>>> file_object.read()
''
```

좀 전의 프로그램과 중간까지 동일하다. 두 번째 줄에서 read 메소드를 사용하여 파일을 읽었다. 여기서 다시 한 번 read 메소드를 사용하면 빈 문자열 ''이 표시된다. 여기서 write 메소드로 문자열을 추가해 보자.

```
>>> file_object.write('Add data from program!!')
23
```

파일 전체의 내용을 확인하려면 먼저 seek 메소드를 사용하여 파일을 읽는 위치를 파일의 시작 지점으로 바꾼다.

```
>>> file_object.seek(0)
0
```

그 뒤 read 메소드를 사용하여 파일에 쓰인 모든 텍스트를 읽는다.

```
>>> file_object.read()
'this is sample of python.\n Add data from program!!'
>>> file_object.close()
```

파일에 정상적으로 추가된 것이 확인되었다. 마지막으로 close 메소드로 파일 객체를 닫아서 파일 작업을 완료시킨다. 여기까지의 작업을 GUI에서 텍스트 에디터로 열어서 확인해 보기 바란다.

with를 사용하여 파일 쓰기

지금까지 파일을 조작하는 방법을 배웠다. 파일 객체를 open 함수로 만들고, write 메소드로 텍스트를 쓰거나 read 메소드로 읽고, 마지막에는 close 메소드로 파일 객체를 파기하는 일련의 흐름을 소개했다. 그런데 마지막에 close 메소드를 꼭 호출해야 하는데, 잊어버릴 수도 있다. 이럴 때 사용하면 좋은 것이 with라는 키워드다. 이 with를 사용하면 파일 객체가 자동적으로 close하도록 할 수 있다. 서식은 다음과 같다.

> **서식**
>
> ```
> with open('파일명','모드')as 파일 객체 이름:
> [tab] 파일 처리
> ```

이렇게 쓰면 with 밑에 인덴트를 넣고 작성된 부분이 수행되는 동안에만 파일 오브젝트가 유지되고 with 블록을 빠져나오면서 자동으로 파일 객체가 close된다. 실제 프로그램을 실행해 보자.

Console

```
>>> with open('with.txt', 'w') as file_object: ↵
... [tab] file_object.write('using with!') ↵          ─── with 블록
... ↵
11
```

with 블록을 벗어나면 자동으로 **file_object**가 close되어, 파일(여기서는 with.txt)에 써진다. GUI로 인터랙티브 셸을 실행한 위치에 with.txt가 생성된 것과 'using with!'라고 기록된 것을 확인해 본다. 또한, **file_object**를 다시 사용하려고 하면 '이미 close되었다'라는 에러 메시지가 표시되는데, 직접 타이핑하여 확인해 보길 바란다.

모드를 틀리면 어떻게 되는가?

참고로, 읽기용으로 생성한 파일 오브젝트로 쓰기를 수행하려 하면 에러가 발생한다. 직접 시도해 보면 알 수 있지만, Unsupported Operation이라는 에러가 발생한다. 이는 '지원하지 않는 조작이다'는 뜻이다.

```
>>> obj = open('python.txt', 'r') ↵
>>> obj.write('can I take it?') ↵
Traceback (most recent call last):
  File "<stdin>", line 1, in <module>
io.UnsupportedOperation: not writable
```

한 줄의 길이는 최대 79글자까지

프로그램을 작성할 때 한 줄의 길이는 최대 79자 이내로 하는 것이 좋다고 한다. 왜 79글자일까? 꽤 구체적인 수치다. 이 규칙의 의도는 단순히 너무 길어지면 보기 어려우므로 가독성을 좋게 하기 위해 존재한다. 그럼, 왜 하필 79일까? 그것은 옛날 컴퓨터 모니터에서는 한 줄에 표시할 수 있는 최대 문자수가 80개였기 때문이다. 최대 79글자로 하면 마지막에 문장의 끝을 표시하는 기호가 들어가도 전부 한 줄에 출력할 수 있었다.

이처럼 79글자를 지키지 않는다고 심각한 문제가 발생하는 것은 아니므로 팀에 따라 100글자 이내로 하자고 정해도 문제될 것은 없다. 규모가 큰 프로그램을 작성하다 보면 이름이 긴 변수를 여러 개 받아들이는 함수를 정의하거나 하면 한 줄이 길어질 수도 있다. 그럴 때에는 한 줄이 너무 길어지지 않도록 줄일 수 있는 방법을 검토해 보는 것이 좋다.

인덴트에 관해서

◆ 탭이란?

이 책에서는 인덴트로 tab(탭)를 사용하고 있다. tab 키를 누르면 탭이 들어가는데, 실은 탭을 넣는 두 가지 방법이 있다. 첫 번째는 '하드 탭'이다. 하드 탭은 '정규 표현'에서 '\t'로 표현되는 문자를 넣어서 탭을 넣는다. 일반적으로 '탭을 넣는다'고 할 때는 이 하드 탭을 가리킨다. 두 번째는 '소프트 탭'이다. 소프트 탭은 텍스트 편집기의 설정에서 'tab 키를 1회 누르면 스페이스를 몇 개 넣을지'를 지정함으로써 탭 문자가 아니라 스페이스를 넣는 방법이다.

◆ 인덴트는 스페이스 네 개가 좋다

본문에서 설명한 대로 파이썬에서는 인덴트를 넣어야 하는 곳에 인덴트를 넣는 것이 필수 사항이다. 단, 인덴트를 넣는 방법에 관해서는 딱히 규정이 없다. 프로그램 내에서 통일되어 있으면 tab도 스페이스도 괜찮고, 몇 번을 넣어도 괜찮다. 이 책에서는 표시를 쉽게 하기 위해 tab를 사용했는데, 사실은 스페이스 네 개가 낫다. 그 이유는 다음과 같다.

앞서 설명한 대로, tab 키에 설정한 스페이스의 수는 개인이나 편집기의 설정에 따라 달라진다. 설정에 따라 tab 키 1회로 스페이스가 네 개 혹은 여섯 개가 들어갈 수도 있다.

보기에는 비슷해 보이지만, 탭 문자와 스페이스 문자가 혼재해 있으면 파이썬 버전 3에서는 tabError라는 오류가 발생한다. 파이썬 버전 2에서는 혼재하고 있는 것 자체로 오류가 되지는 않는다. 그런데 파이썬의 내부에서는 탭 문자를 스페이스 8로 처리한다. 그래서 탭 문자와 스페이스가 혼재하는 프로그램에서 인덴트를 정리하려면 인덴트로 8개의 스페이스를 넣어야 한다.

▶ **파이썬 2에서의 인덴트**

```
>>> for i in range(2):
...  tab print('tab')  ●─────────────────────  탭 1개
...          print('space')  ●─────────────  스페이스 8개
```

위의 예를 보면 탭 문자와의 인덴트 레벨을 맞추기 위해 스페이스를 8개 주었더니 같은 레벨인데도 줄이 안 맞게 되었다. 탭을 쓰지 않고 모든 파이썬 프로그램의 인덴트를 스페이스 네 개로 통일하면 어느 편집기에서 열어도 읽기 쉽게 된다. 스페이스를 네 번 눌러서 인덴트를 작성하기로 하면 다소 불편할 것 같지만, 에디터의 설정에서 tab 키를 스페이스 네 개로 만들면 된다.

다만, 여러분이 프로젝트에 중간부터 참여했는데, 그 프로젝트에서 tab 키로 인덴트를 사용하고 있다면 tab 키를 사용하도록 한다. '로마에 가면 로마 법을 따르라'는 말처럼 전체의 통일감이 무엇보다 중요하다.

Chapter 6

다양한 기능 추가

이번 장에서는 파이썬으로 보다 고도의 기능을 구현하는 방법을 알아본다. 고도의 기능이라고 해서 어려울까 걱정할 필요는 없다. 외부 라이브러리를 사용하면 쉽게 훌륭한 기능을 구현할 수 있기 때문이다.

6-1

외부 라이브러리란?

4-3절에서 표준 라이브러리에 관해 배웠다. 파이썬 언어에 포함된 라이브러리를 표준 라이브러리, 포함되지 않은 라이브러리를 외부 라이브러리라고 한다.

외부 라이브러리를 사용하기 전에

별도의 설치 없이 import하여 사용할 수 있으면 표준 라이브러리, 그렇지 않은 경우는 외부 라이브러리다. 외부 라이브러리를 사용하려면 파이썬을 설치한 것처럼 별도로 설치해야 한다.

4-3절에서 소개한 것처럼 파이썬에는 참으로 다양한 표준 라이브러리가 준비되어 있다. 파이썬을 만드는 사람들이 논의하여 많은 사람들이 사용하는 기능들을 파이썬 본체에 추가한 것이 표준 라이브러리다. 한편, 외부 라이브러리는 이른바 선택 사항이다. 표준 라이브러리보다 더 고도의 복잡한 처리를 하므로 라이브러리 자체의 크기가 크거나 특정 사람들에게만 필요한 기능이므로 파이썬 본체와 별도로 개발되어 공개되고 있다.

외부 라이브러리는 지금도 늘고 있다

사실 외부 라이브러리는 누구나 개발하여 공개할 수 있다. 즉, 여러분이 이 책에서 배운 파이썬의 문법을 사용하여 라이브러리의 형태로 인터넷에서 공개하면 그것이 바로 외부 라이브러리가 되는 것이다. 지금 이 책을 읽고 있는 동안에도 새로운 라이브러리가 세계 어디에선가 개발되고 공개되고 있을 것이다. 파이썬을 사용하는 많은 나라의 사람들이 정말 다양한 라이브러리를 만들어 공개하고 있다.

그러면 외부 라이브러리를 검색하는 방법을 소개하겠다. 우선, 당연하다면 당연하지만, 인터넷에서 검색하는 것이 가장 좋다. 'Python'이라는 키워드와 함께 원하는 기능을 검색하면 많이 사용되는 라이브러리가 검색된다. 예를 들면, 'Python 이미지 처리', 'Python 그래프 그리기'와 같이 검색하면 된다. 방금 소개한 대로 외부 라이브러리는 굉장히 많고 그 품질도 천차만별이다. 그래도 많은 사람이 사용했다면 비교적 안심하고 사용할 수 있다.

여기서 소개하고 싶은 것이 굉장히 많은 파이썬 외부 라이브러리가 등록된 PyPI(파이 파이)라는 웹사이트다. PyPI는 Python Package Index의 약자로서 이 책을 집필하는 시점(2015년 11월)에 7만 개가 넘는 라이브러리가 등록되어 있다. 화면 오른쪽 위의 검색 상자에서 키워드를 입력하여 외부 라이브러리를 검색할 수 있다.

▶ PyPI

URL https://pypi.python.org/pypi

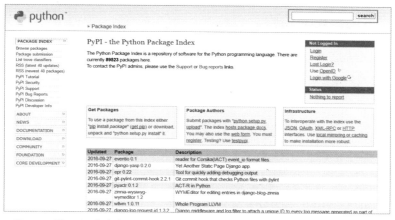

그림 **PyPI의 TOP 페이지**

 외부 라이브러리 사용법

외부 라이브러리를 사용하기 위해 필요한 작업은 크게 두 개다. 외부 라이브러리를 설치하는 것, 그리고 그 외부 라이브러리를 파이썬에서 쓸 수 있도록 하는 것이다. 이 두 가지 작업을 완료하면 표준 라이브러리와 마찬가지로 `import` 키워드로 라이브러리를 읽어 들여 사용할 수 있다.

우선, 설치 방법은 외부 라이브러리에 따라 다양한다. 자체 공식 사이트나 개인 홈페이지에서 다운로드받을 수도 있지만, 여기서는 가장 기본이라 할 수 있는 PyPI로 설치하는 방법을 소개하겠다.

 ## pip란?

양이 워낙에 많아서 검색이 다소 힘든 PyPI이지만, 이름만 알면 간단하게 외부 라이브러리를 설치할 수 있다. 파이썬 2.7.9와 파이썬 3.4 이후 버전에서는 **pip**가 기본으로 설치된다. 이 명령어를 사용하면 PyPI 사이트에서 라이브러리를 찾아 설치하고 필요한 설정까지 수행해 준다. 맥의 파이썬 버전 3에서는 pip3을 사용한다.

◆ pip 사용법

pip의 주된 역할은 라이브러리 설치다. 콘솔에서 다음과 같이 입력하고 실행한다. 인터랙티브 셸이 실행된 상태라면 exit()로 종료하고 콘솔에서 실행한다. 또한, 모듈 이름은 라이브러리 이름, 패키지 이름과 동일하다(**칼럼 '라이브러리, 패키지, 모듈에 대해서'** ➡ **p.250**).

> 서식
> ```
> pip install [설치하고 싶은 모듈 이름]
> ```

실행하면 지정한 모듈이 PyPI에서 자동으로 검색되어 설치가 시작된다. 제거하고 싶으면 앞의 install 부분을 uninstall로 바꾸고, 제거할 모듈을 지정한다.

> 서식
> ```
> pip uninstall [제거하고 싶은 모듈 이름]
> ```

설치한 모듈의 상세 정보를 보고 싶으면 'pip'에 이어 'show'라고 입력한다. show는 pip 명령어에 줄 수 있는 옵션 중 하나다.

```
pip show [알아보고 싶은 모듈 이름]
```

시험 삼아 **6-2**절에서 사용할 라이브러리 Pillow의 상세 정보를 알아보자. 209페이지를 참고하여 먼저 Pillow를 설치하고 아래 코드를 수행해 보도록 한다.

```
pip show Pillow ↵
Metadata-Version: 2.0
Name: Pillow
Version: 3.0.0
Summary: Python Imaging Library (Fork)
Home-page: http://python-pillow.github.io/
Author: Alex Clark (Fork Author)
Author-email: aclark@aclark.net
License: Standard PIL License
Location: /Library/Frameworks/Python.framework/Versions/3.5/lib/python3.5/
          site-packages
Requires:
```

버전에 따라 표시 결과는 조금 다를 테지만, 대체로 이와 비슷한 결과가 표시될 것이다. 지금까지 pip로 설치한 모듈들의 목록을 확인하고 싶으면 list 옵션을 사용한다.

서식

```
pip list
```

6-2

외부 라이브러리를 사용한 프로그래밍
이미지 처리

지금부터 본격적으로 파이썬의 외부 라이브러리를 사용해서 프로그램을 만들어 볼 것이다. 외부 라이브러리를 사용하면 구현할 수 있는 것이 비약적으로 확대된다. 이제부터 진짜 프로그램다운 프로그램을 만들게 될 테니 기대해도 좋다.

▼ **실습 목표**

여기서는 Pillow라는 외부 라이브러리를 사용하여 이미지를 처리해 볼 것이다. 이미지 처리라고 하면 컴퓨터 그래픽(CG, Computer Graphic)을 생각하는 사람도 있을 텐데, 특별히 어려운 일을 하는 것은 아니다. 이미지를 변환하는 전반적인 작업을 이미지 처리라고 한다. 실제 몇 가지 예를 들어 보겠다.

▷ **이미지의 밝기를 바꾼다**
▷ **이미지의 콘트라스트를 바꾼다**
▷ **이미지의 노이즈를 제거한다**
▷ **컬러 이미지를 흑백으로 바꾼다**

물론, 이것이 전부는 아니다. 요즘에는 스마트폰 카메라로 촬영한 이미지의 분위기를 바꿀 수 있는 애플리케이션이 많다. 이런 엔터테인먼트 분야에서 사용되기도 하고, 사진에서 사람의 얼

굴을 검출하거나 차에 실은 카메라를 통해 표지판을 인식하기 위해 이미지 처리를 수행하는 경우도 있다.

Pillow란?

이번에 사용하는 Pillow라는 라이브러리에 관해서 알아보자. 파이썬에는 원래 PIL(Python Imaging Library)이라는 이미지 처리 라이브러리가 있어 많이 사용되었다. 그러나 PIL은 2009년 11월에 공개된 버전 1.1.7을 마지막으로 개발이 종료되었다.

▶ **PIL의 공식 사이트**

　URL http://www.pythonware.com/products/pil/

이 PIL 코드를 이어서 2010년부터 개발하기 시작한 것이 지금 소개할 Pillow라는 라이브러리다.

▶ **Pillow의 공식 사이트**

　URL https://python-pillow.github.io/

PIL은 개발이 종료되어 파이썬 버전 3을 지원하지 않지만, Pillow는 현재도 개발이 계속되고 있고, 파이썬 버전 3에서도 사용할 수 있다.

Pillow 설치 방법

Pillow는 pip로 쉽게 설치할 수 있다. 콘솔을 열어 다음과 같이 입력해 본다.

 윈도우의 경우

```
pip install Pillow
```

 맥의 경우

```
pip3 install Pillow
```

이것으로 설치가 수행된다. 설치가 잘 되었는지 확인해 보기 위해서는 인터랙티브 셸을 기동해서 다음과 같이 입력하여 에러가 나지 않는지 확인한다.

```
>>> from PIL import Image ↵
```

잘 설치되었으면 다음과 같이 아무것도 표시되지 않는다.

console 출력 결과

```
>>> from PIL import Image ↵
>>>
```

위 코드를 보면 Pillow를 import하지 않고 PIL을 import했다. 보통은 import할 때 모듈의 이름을 사용한다. 하지만 이 Pillow는 PIL에서 파생된 라이브러리로서 PIL과의 호환성을 가지도록 만들어졌다. 일반적으로 호환성이란 부품을 바꿔 끼워도 문제없이 동작하는 것을 말한다. 여기서 말하는 호환성은 PIL 모듈을 사용하여 작성한 코드가 Pillow만 설치된 환경에서 문제없이 동작함을 의미한다. PIL을 import할 때처럼 'from PIL import Image'로 Pillow를 import하게 함으로써 라이브러리를 바꿔도 코드를 수정하지 않아도 된다. 그러면 이제 Pillow를 사용해서 이미지 처리를 수행해 보자.

Pillow 설치에 실패했을 경우

Pillow 설치에 실패하면 다음과 같은 에러가 발생하면서 PIL이라는 모듈이 없다는 메시지가 출력된다.

console 출력 결과

```
>>> from PIL import Image
Traceback (most recent call last):
  File "<stdin>", line 1, in <module>
  ImportError: No module named PIL
```

pip list(pip3 list)를 실행하여 지금까지 pip로 설치한 모듈 목록 중에 Pillow가 있는지 확인하도록 한다.

Pillow로 할 수 있는 것

Pillow로 어떤 것을 할 수 있을까? 먼저, 이미지 처리를 위한 샘플 이미지를 준비하자. 색의 변화를 볼 것이므로 흑백 이미지가 아닌 색이 풍부하게 들어 있는 이미지를 준비하도록 한다. 여기서는 다음과 같은 푸른 꽃 사진의 jpg 파일을 사용하여 이미지 처리를 실시해 볼 것이다.

그림 **꽃의 샘플 이미지**

여기서 이미지를 놓을 위치와 인터랙티브 셸을 실행하는 위치에 주의해야 한다. 새롭게 Pillow용 폴더를 만들어 그 안에 이미지를 놓고, 인터랙티브 셸을 실행할 것을 추천한다. 폴더를 이동하는 방법은 **5-3절 'CUI로 컴퓨터를 조작하는 방법' ➡ p.180** 를 참조한다. 여기서는 Pillow 폴더 밑에 sample_image라는 폴더※17를 만들고, 거기에 **flower.jpg** 파일을 배치하였다.

◆ 이미지를 표시하기

준비가 되었으면 이미지를 표시하는 간단한 프로그램을 먼저 만들어 보자. 다음 코드를 수행해 보도록 하자.

※17 여기서 PIL이나 pillow처럼 패키지명을 폴더로 만들면 에러가 될 수 있으니 주의한다.

```
>>> from PIL import Image ↵
>>> image = Image.open('sample_image/flower.jpg') ↵
>>> image.show() ↵
```

해 설

이미지가 잘 표시되었을 것이다. 첫 번째 줄에서 Pillow 패키지의 Image 모듈을 로드했다. 두 번째 줄에서는 이미지를 읽어서 image 객체를 만들었다. 좀 전에 sample_image라는 폴더에 꽃의 사진(flower.jpg)을 두었으므로 'sample_image/flower.jpg'로 경로를 지정하였다. Image 객체를 만들고 show 메소드를 실행하면 이미지 파일이 열리면서 화면에 표시된다. 이처럼 Pillow 라이브러리로 이미지 처리를 할 때는 기본적으로 Image.open 메소드로 이미지 파일을 읽어 image 객체를 만들어 다양한 기능을 사용한다.

◆ 이미지의 파란색과 빨간색을 바꿔서 표시하기

우리가 평소 보는 컴퓨터 화면의 색은 빛의 3원색이라 불리는 RGB 컬러로 구성되어 있다. RGB는 빨간색(Red), 초록색(Green), 파란색(Blue)의 세 가지 색을 뜻하며, 우리가 컴퓨터로 보는 색은 이 세 가지 색을 혼합한 비율로 표현된다.

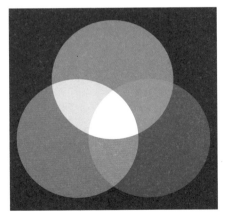

그림 **빛의 삼원색**

Pillow를 사용하면 이미지의 RGB를 수정할 수 있다. 다음은 이미지의 파란색과 빨간색을 바꾼 이미지를 만들어 표시한다.

```
>>> from PIL import Image ↵
>>> image = Image.open('sample_image/flower.jpg') ↵
>>> r, g, b = image.split() ↵
>>> convert_image = Image.merge("RGB", (b, g, r)) ↵
>>> convert_image.save('sample_image/rgb_to_bgr.jpg') ↵ ●────────── 저장
>>> convert_image.show() ↵ ●────────── 색이 바뀐 이미지를 표시
```

그림 **원래 이미지**

그림 **변환된 이미지**

 해 설

세 번째 줄에서 사용한 split() 메소드는 이미지의 R, G, B를 분리시키는 기능이 있다. 그 분리된 결과를 변수 r, g, b에 각각 저장하였다. 그리고 merge 메소드를 사용하여 이들을 다시 RGB의 이미지로 생성한다. 여기서 merge 메소드의 두 번째 인자에 (b, g, r)를 지정하였다. r, g, b순으로 전달하지 않고, r과 b의 위치를 교체함으로써 이미지의 파란색과 빨간색을 교체한 것이다. 그리고 다섯 번째 줄에서 show 메소드를 사용하여 컴퓨터에 이미지를 표시했다. 빨간색과 파란색이 바뀐 이미지가 표시될 것이다. 마지막 6번째 줄은 처리한 이미지를 파일에 저장하는 처리다. 파일을 열 때처럼 파일의 위치와 파일 이름을 인자로 줘서 파일에 저장한다.

♦ 이미지를 흑백 이미지/그레이스케일로 변환

이번에는 Pillow의 convert 메소드를 사용하여 두 종류의 이미지로 변환해 볼 것이다. 첫 번째는 흑백으로만 구성된 이미지로 변환해 볼 것이다.

```
>>> from PIL import Image ↵
>>> image = Image.open('sample_image/flower.jpg') ↵
>>> black_and_white = image.convert('1') ↵
>>> black_and_white.show() ↵
>>> black_and_white.save('sample_image/b_and_w.jpg') ↵
```

그림 **흑백 이미지**

실행해 보면 흑백 이미지가 표시되었을 것이다. 여기서 이 이미지를 최대한 확대해 보면 흰색이나 검은색의 사각형으로 구성되었음을 알 수 있다. 이 사각형을 1픽셀이라 한다.

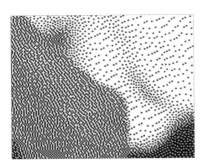

그림 **이미지를 일부 확대한 모습**

이어서 그레이스케일(greyscale)의 이미지를 만들어 보자. 그레이스케일에서는 이미지를 흰색에서 검은색까지의 명암으로만 표시한다. 앞에서의 사진은 오로지 검은색과 흰색으로만 구성되었는데, 이번에는 밝기를 바탕으로 한 농담이 있는 회색으로 이미지를 그린다.

```
>>> from PIL import Image ↵
>>> image = Image.open('sample_image/flower.jpg') ↵
>>> gray_image = image.convert("L") ↵
>>> gray_image.show() ↵ ——————————————— 그레이스케일의 이미지 표시
>>> gray_image.save('sample_image/gray_image.jpg') ↵ •——————— 파일에 저장
```

그림 **그레이스케일의 이미지**

이 이미지를 확대해 보면 좀 전처럼 흰색과 검은색으로만 구성되어 있지 않고, 농담이 있는 회색으로 구성되었음을 알 수 있다. 그리고 이 농담은 방금 설명한 RGB값으로부터 계산된다. RGB는 각각 0~255의 숫자 값을 가지는데, 이를 바탕으로 다음 식을 계산함으로써 인간이 느끼는 밝기에 가까운 휘도라는 값을 구하게 된다.

서식

```
L(휘도) = R(빨간색) * 0.299 + G(초록색) * 0.587 + B(파란색) * 0.114
```

convert 메소드는 이 계산식을 바탕으로 색을 변환한다.

♦ 이미지 회전

Pillow 모듈의 transpose 메소드를 사용하면 이미지를 간단히 회전시킬 수 있다.

```
>>> from PIL import Image
>>> image = Image.open('sample_image/flower.jpg')
>>> image.transpose(Image.ROTATE_90).show()          이미지를 90도 회전하여 표시
>>> image.transpose(Image.ROTATE_90).save('rotate_90.jpg')          이미지를 90도 회전하여
                                                                    파일로 저장
```

그림   **90도 회전한 이미지**

해 설

지금까지와 마찬가지로 image 객체의 메소드를 실행했는데, 이번에는 그 뒤에 show()를 연달아서 호출하였다. 이렇게 하면 변수에 객체를 넣지 않아도 이미지를 변환한 후 바로 표시하는 코드를 한 줄로 표현할 수 있다. 여기서는 transpose 메소드에 Image.ROTATE_90이라는 인자를 주었는데, 그 외에도 지정할 수 있는 변환 방법은 다음과 같다.

표 **다른 변환 방법**

설정 파라미터	결과
Image.FLIP_LEFT_RIGHT	이미지의 좌우 반전
Image.FLIP_TOP_BOTTOM	이미지의 상하 반전
Image.ROTATE_90	이미지를 90도 회전
Image.ROTATE_180	이미지를 180도 회전
Image.ROTATE_270	이미지를 270도 회전

※ 회전은 시계 방향이다.

6-3

외부 라이브러리를 사용한 프로그래밍
파이썬에서 인터넷에 접속

평소 인터넷에 접속할 때 인터넷 익스플로러, 크롬, 파이어폭스, 사파리, Edge와 같은 웹 브라우저를 사용할 것이다. 이번에 도전하는 것은 그런 웹 브라우저를 사용하지 않고 파이썬을 이용하여 인터넷에 접속하는 것이다.

파이썬에서 인터넷에 접속하는 방법은 여러 가지 있는데, 여기서는 requests라는 외부 라이브러리를 사용해서 인터넷에 접속할 것이다. 이번 장은 인터넷에 연결된 상태에서 실습해야 한다.

 requests란?

이번에는 requests라는 라이브러리를 사용한다. requests 홈페이지에는 'Python HTTP for Humans'라는 소개 문구가 적혀 있다. 직역하면 '사람을 위한 파이썬 HTTP'로 인터넷 접속을 위한 편리한 모듈을 제공한다.

▶ requests

URL http://docs.python-requests.org/en/master/

먼저, pip를 사용하여 설치하도록 한다. 맥에서는 pip3을 사용한다.

```
pip install requests
```

설치가 완료되었으면 가장 기본적인 동작부터 수행해 보자. URL에 접속하여 그 페이지에 표시되는 데이터를 취득한다. 인터랙티브 셸을 실행하여 다음 프로그램을 입력한다.

```
>>> import requests ↵
>>> r = requests.get('http://www.yahoo.com') ↵
>>> print(r.text) ↵
```

해설

실행해 보면 낯선 텍스트가 연달아 출력되었을 것이다. 코드를 먼저 설명하겠다. 첫 번째 줄에서 requests를 불러들였고, 두 번째 줄에서 get 메소드를 사용하여 Yahoo 홈페이지의 데이터를 취득하여 변수 r에 저장했다. 그 후 text 메소드를 사용하여 취득한 데이터를 출력하였다. 많은 텍스트가 출력되어 놀랐을 것이다. 여기서 이런 대량의 데이터를 보기 쉽게 표시해 주는 표준 모듈 pprint(prettyprint)를 사용해 보자.

```
>>> import requests ↵
>>> import pprint ↵
>>> r = requests.get('http://www.yahoo.com ') ↵
>>> pprint.pprint(r.text) ↵
('<!DOCTYPE html>\n'
 '<html id="atomic" lang="en-US" class="atomic my3columns l-out Pos-r https '
 'fp fp-v2 rc1 fp-default mini-uh-on viewer-right ltr desktop Desktop '
 'bkt201">\n'
 '<head>\n'
 '  \n'
 '  <title>Yahoo</title><meta http-equiv="x-dns-prefetch-control" '
 'content="on"><link rel="dns-prefetch" href="//s.yimg.com"><link '
 'rel="preconnect" href="//s.yimg.com"><link rel="dns-prefetc '
 'href="//search.yahoo.com"><link rel="preconnect" '
…생략
```

pprint 모듈의 pprint 메소드를 사용하여 r.text를 표시했다. 줄 바꿈을 통해 조금 보기 좋게 출력되었을 것이다. 하지만 브라우저를 통해 잘 보이게 설계된 HTML이므로 여전히 읽기 힘든 것은 어쩔 수 없다. 한편, 브라우저에서 http://www.yahoo.com에 접속한 후에 마우스 우클릭하여 '페이지 소스 보기'를 선택하면 동일하게 HTML 태그로 작성된 웹사이트를 볼 수 있다.

자주 발생하는 오타

requests 모듈을 사용할 때 requests의 마지막 s를 입력하지 않는 경우가 많다. 다음과 같이 정의되지 않았다는 메시지가 출력되면 한 번 확인해 보기 바란다.

▶ 오타로 인해 표시되는 에러

```
NameError: name 'request' is not defined
```

 # requests를 사용하여 웹 API에 액세스

브라우저에서 잘 보이도록 작성된 웹사이트의 HTML을 파이썬 프로그램에서 requests 모듈을 사용하여 출력해 봤다. 이번에는 프로그램에서 접근하도록 제공되는 웹 API를 통해 보다 쉽게 데이터를 취득하는 방법을 소개하겠다.

◆ 웹 API란?

웹 API 전에 먼저 API부터 알아보자. API는 Application Programming Interface의 약자로서 다양한 기능의 관문 같은 것이다. API는 프로그램에서 쉽게 사용할 수 있도록 만들어진다.

웹 API는 웹을 통해 제공되므로 주로 웹 서비스를 운용하는 회사 또는 개인이 제공한다. 웹 API에서 제공하는 기능은 다양하다. 웹 서비스가 갖고 있는 데이터를 제공하거나 직접 만들기 어려운 복잡한 기능을 제공하는 경우도 있다.

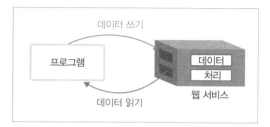

그림 **웹 API의 이미지**

데이터를 취득하고 업데이트할 수 있는 웹 API 중 유명한 것으로 트위터(https://twitter.com/)가 있다. 트위터는 유명한 웹 서비스이므로 아는 사람도 많겠지만, 간단히 설명하면 140글자 이내의 글을 올리는 기능과 다른 사람의 글을 볼 수 있는 기능을 제공하는 서비스다. 평소 트위터를 쓰기 위해 웹 브라우저로 접속하거나 스마트 폰 앱을 사용할 텐데, 트위터의 웹 API를 사용하면 프로그램을 통해 트위터에 글을 올리거나 다른 사람의 글을 볼 수 있다. 실은 트위터 앱의 뒤편에서도 웹 API를 사용하여 글을 올리거나 다른 사람의 글을 취득하여 표시하고 있는 것이다. 여기서 말하는 트위터 앱이란, '○○(앱명)에 계정 사용을 허락합니까?'라는 메시지가 뜨는 이른바 트위터 연계 앱을 말한다. 참고로 트위터 앱 중에는 프로필을 바꾸거나 맘대로 트윗하는 악질적인 것도 있으므로 주의하도록 한다.

트위터의 웹 API를 이용하려면 인증 정보를 취득하고, 웹 API를 사용할 때 그 인증 정보를 기재해야 한다. 이 책에서는 트위터의 API 사용법에 관해서는 자세히 설명하지 않지만, 흥미가 있다면 다음 페이지를 참고하도록 한다.

▶ **Twitter 개발자용 사이트(영어)**
    URL https://dev.twitter.com/

▶ **Twitter 연계 애플리케이션을 등록하는 사이트(영어)**
    URL https://apps.twitter.com/

웹 API 중에는 데이터를 취득하고, 업데이트하는 기능 말고도 특별한 처리를 제공하는 서비스도 있다. 우리가 평소 자주 사용하는 NAVER에서도 다양한 API를 공개하고 있다.

▶ **NAVER Developers**
    URL https://developers.naver.com/docs/common/apilist

입력된 텍스트를 성우의 낭독 음성으로 합성하거나 번역, 음성 인식 등 유용한 API를 제공하고 있다. 이처럼 웹 API를 이용하면 어려워서 차마 머리로만 생각했던 아이디어를 쉽게 구현할 수도 있으니 즐거운 마음으로 한번 검토해 보기 바란다. 이제 실제로 requests 모듈을 사용하여 프로그램에서 API를 사용해 보자.

◆ requests를 사용하여 API에 접근하는 방법(일기 예보 편)

여기서는 기상청의 RSS를 이용하여 기상 정보를 얻어 볼 것이다.

▶ 기상청 RSS

URL http://web.kma.go.kr/weather/lifenindustry/sevice_rss.jsp

▶ 동네 예보 RSS 정의

URL http://web.kma.go.kr/images/weather/lifenindustry/dongnaeforecast_rss.pdf

이 RSS에서는 동네의 시간별 예보, 지역별 중기 예보, 장기 예보를 제공하고 있다.

먼저, 사용하면서 내용을 파악해 보자. 기상청 RSS 페이지에서 동네를 검색하여 RSS를 클릭해 본다. 그러면 해당 동네에 대한 예보 정보를 얻을 수 있는 주소가 팝업으로 표시된다.

▶ RSS 동네 예보 > 시간별 예보 [서울특별시 / 동작구 / 신대방제2동]

URL http://web.kma.go.kr/wid/queryDFSRSS.jsp?zone=1159068000

위의 URL은 서울특별시, 동작구, 신대방제2동을 선택했을 때의 URL이다. URL의 뒤에 zone=1159068000이 바로 동네를 지정하는 코드다. 선택한 동네에 따라 다른 값이 표시될 것이다. 이 URL을 사용하여 예보 정보를 획득해 보자.

```
>>> import requests ↵
>>> import pprint ↵
>>> api_url = 'http://web.kma.go.kr/wid/queryDFSRSS.jsp?zone=1159068000' ↵
>>> weather_data = requests.get(api_url).text ↵
>>> pprint.pprint(weather_data) ↵
```

다섯 줄의 코드로 동네의 기상 예보 정보를 취득하였다. 우선, 첫 번째 줄과 두 번째 줄에서는 API를 사용하기 위한 requests 모듈과 취득한 데이터를 보기 쉽게 표시하기 위한 pprint 모듈을 import했다. 그리고 세 번째 줄에서 변수 api_url에 웹 API의 URL을 지정했다. 그리고 네 번째 줄에서 익숙한 requests 모듈의 get을 사용하여 api_url에 접속했다.

마지막으로, 6번째 줄에서는 pprint를 사용하여 보기 좋게 표시했다. 결과는 다음 페이지를 참조한다.

이번 예제의 경우 URL 뒤에 '항목=데이터' 형식으로 정보를 더하여 웹 API를 호출했다.

코드에서 zone=1159068000 부분을 뜻한다. 전송할 데이터가 두 개 이상이면 & 기호를 사용하여 '항목=데이터'를 추가하면 된다. 인터넷 서핑을 할 때 URL을 유심히 보면 ? 기호 뒤에 정보들이 기재된 것을 확인할 수 있다.

◆ get 메소드의 params 옵션을 활용

앞선 예제에서는 설명을 쉽게 하기 위해 URL에 추가 정보들을 함께 표시했는데, 보내야 할 데이터가 많아지면 URL이 점점 길어져 가독성이 떨어지게 된다. 이번에는 변수를 사용하여 추가 항목을 보내는 방법을 알아보자.

항목과 데이터를 사전 타입으로 지정하고, get 메소드에서 해당 변수를 지정하면 자동으로 URL이 조립된다.

```
>>> url = 'http://web.kma.go.kr/wid/queryDFSRSS.jsp' ↵
>>> payload = {'zone': '1159068000'} ↵
>>> weather_data = requests.get(url, payload).text ↵
```

♪ XML이란?

XML은 데이터를 나타내는 포맷(서식)의 하나다. XML은 Extensible Markup Language의 약어로서 주로 인터넷에 연결된 시스템끼리 데이터를 쉽게 주고 받을 수 있게 하기 위한 목적으로 만들어졌다.

웹 API에 대한 응답으로 전달되는 데이터 형식으로 XML이 많이 사용되고 있다.

출력을 일부 생략한 실제 실행 결과는 다음과 같다. XML 형식을 따르는 데이터다.

```
'<?xml version="1.0" encoding="UTF-8" ?>₩n'
'<rss version="2.0">₩n'
'<channel>₩n'
'<title>기상청 동네 예보 웹 서비스 - 서울특별시 동작구 신대방제2동 도표 예보</title>₩n'
'<link>http://www.kma.go.kr/weather/main.jsp</link>₩n'
'<description>동네 예보 웹 서비스</description>₩n'
'<language>ko</language>₩n'
'<generator>동네 예보</generator>₩n'
'<pubDate>2016년 09월 14일 (수)요일 14:00</pubDate>₩n'
' <item>₩n'
'<author>기상청</author>₩n'
'<category>서울특별시 동작구 신대방제2동</category>₩n'
'<title>동네 예보(도표) : 서울특별시 동작구 신대방제2동 '
'[X=59,Y=125]</title><link>http://www.kma.go.kr/weather/forecast/timeseries.jsp?searchType=INTEREST&amp;dongCode=1159068000</link>₩n'
'<guid>http://www.kma.go.kr/weather/forecast/timeseries.jsp?searchType=INTEREST&amp;dongCode=1159068000</guid>₩n'
'<description>₩n'
' <header>₩n'
' <tm>201609141400</tm>₩n'
' <ts>4</ts>₩n'
' <x>59</x>₩n'
' <y>125</y>₩n'
' </header>₩n'
' <body>₩n'
' <data seq="0">₩n'
'  <hour>18</hour>₩n'
'  <day>0</day>₩n'
'  <temp>26.6</temp>₩n'
'  <tmx>-999.0</tmx>₩n'
'  <tmn>-999.0</tmn>₩n'
'  <sky>3</sky>₩n'
'  <pty>0</pty>₩n'
'  <wfKor>구름 많음</wfKor>₩n'
'  <wfEn>Mostly Cloudy</wfEn>₩n'

…생략

' <data seq="18">₩n'
'  <hour>24</hour>₩n'
'  <day>2</day>₩n'
'  <temp>22.7</temp>₩n'
'  <tmx>29.1</tmx>₩n'
'  <tmn>20.2</tmn>₩n'
```

```
'    <sky>3</sky>\n'
'    <pty>0</pty>\n'
'    <wfKor>구름 많음</wfKor>\n'
'    <wfEn>Mostly Cloudy</wfEn>\n'
'    <pop>20</pop>\n'
'    <r12>0.0</r12>\n'
'    <s12>0.0</s12>\n'
'    <ws>1.0</ws>\n'
'    <wd>7</wd>\n'
'    <wdKor>북서</wdKor>\n'
'    <wdEn>NW</wdEn>\n'
'    <reh>78</reh>\n'
'    <r06>0.0</r06>\n'
'    <s06>0.0</s06>\n'
'  </data>\n'
'  </body>\n'
'</description>\n'
'</item>\n'
'</channel>\n'
'</rss>')
```

파이썬에서 xml 데이터를 다루기 위해서는 xml.etree.ElementTree라는 모듈을 사용한다. 위 XML 데이터를 자세히 보면 data라는 태그가 세 시간 단위로 존재하고, 그 안에 temp라는 태그 안에 예상 온도가 담겨 있다. 취득한 XML 데이터를 파싱하여 세 시간 단위 예상 온도를 시간과 함께 출력해 보자.

Console

```
>>> import xml.etree.ElementTree as ET ↵
>>> xml_data = ET.fromstring(weather_data) ↵
>>> for tag in xml_data.iter("data"): ↵
>>> [tab] print (tag.find("hour").text + "/" + tag.find("temp").text) ↵

18/26.6
21/24.2
24/22.7
…생략
21/24.3
24/22.7
```

✦ 날씨 예보 정보 취득

requests 모듈을 사용하여 날씨 정보를 취득할 수 있다는 것을 알았다. 그러나 매번 날씨를 알고 싶을 때마다 좀 전의 프로그램을 일일이 입력하는 것은 번거로운 일이다. 그래서 이번에는 프로그램을 파일로 만들어서 실행하는 방법을 알아볼 것이다.

우선은 파일을 만들어야 한다. 이 책의 첫머리에서 소개한 아톰(➡ p.29) 등의 텍스트 에디터를 열어 다음 코드를 입력하고, get_weather1.py라는 이름으로 저장한다. C 드라이브에 sample_library라는 폴더를 만들어 거기에 저장하도록 한다. 이때 윈도우에서는 문자 코드를 UTF-8로 저장하지 않으면 실행 시 에러가 발생하니 주의한다.

📄 get_weather1.py `py`

```
import requests
import xml.etree.ElementTree as ET
api_url = 'http://web.kma.go.kr/wid/queryDFSRSS.jsp?zone=1159068000'
weather_data = requests.get(api_url).content
xml_data = ET.fromstring(weather_data)
for tag in xml_data.iter("data"):
    print (tag.find("hour").text + "/" + tag.find("temp").text)
```

이 프로그램을 파일명 get_weather1.py로 저장했으면 실행해 보자. 윈도우는 명령 프롬프트, 맥은 터미널을 열어 방금 파일을 저장한 sample_library 폴더로 이동해 윈도우는 python, 맥은 python3에 이어 파일명 'get_weather1.py'를 입력하여 실행한다. 혹은 'python'이나 'python3'을 입력한 후 파일을 드래그 앤드 드롭하여 실행해도 된다.

Console

```
python get_weather1.py ↵
18/26.6
21/24.2
24/22.7
…생략…
21/24.3
24/22.7
```

코드를 보면 지금까지처럼 requests 모듈을 사용하여 URL을 지정하여 requests.get으로 데이터를 취득하고 있다.

```
weather_data = requests.get(api_url).text
```

이어서 XML 데이터를 파싱하여 for문을 돌면서 예상 온도를 출력하고 있다.

문자열형의 데이터는 +로 연결할 수 있다는 것을 기억해 주기 바란다. **2-5절 '문자열형'** ➡ p.65

현재 시각 이후의 시간에 대해 세 시간 단위의 예상 온도가 출력되면 바르게 동작한 것이다. 이로써 예상 온도를 알고 싶은 시점에서 이 프로그램을 돌리면 쉽게 취득할 수 있게 되었다.

 에러가 발생한다면

다음과 같은 에러가 표시될 경우 파일을 저장한 폴더에서 실행하도록 한다.

출력 결과

```
python: can't open file 'get_weather1.py': [Errno 2] No such file or
        directory
```

◆ requests를 사용한 API 사용법(위키피디아 편)

이번에는 requests 모듈을 사용하여 웹 API로 위키피디아(Wikipedia)의 정보를 얻는 방법을 소개하겠다. 위키피디아는 온라인 백과사전으로 매우 많은 장르의 콘텐츠가 있고, 그 수는 지금도 계속 늘어나고 있다. 전 세계의 접속 랭킹도 10위 안에 들어 세계적으로 유명한 사이트다.

▶ 위키피디아

URL https://en.wikipedia.org/

이 위키피디아의 데이터를 프로그램으로 획득하기 위해 미디어위키(MediaWiki)라는 서비스를 사용할 것이다.

▶ 미디어위키의 메인 페이지

> [URL] https://www.mediawiki.org/wiki/MediaWiki/

웹사이트를 확인해 보면 미디어위키에서 제공하는 다른 서비스도 있다. 우리는 그중에서 위키피디아의 데이터를 얻기 위한 API의 사용법을 알아볼 것이다

▶ 미디어위키의 API에 대해서

> [URL] https://www.mediawiki.org/wiki/API:Main_page

우선, API에 요청하기 위한 기본 URL을 확인한다.

http://en.wikipedia.org/w/api.php

이 URL에 몇 가지 정보를 추가하고 requests.get을 사용하여 위키피디아의 정보를 취득할 수 있다. 이 기본 URL을 브라우저에서 접근하면 API의 사용법이 표시된다.

◆ 위키피디아의 정보를 취득

그러면 이제 미디어위키의 웹 API을 이용하여 위키피디아의 데이터를 취득하는 프로그램을 만들어 보자.

```
>>> import requests, pprint
>>> api_url = 'https://en.wikipedia.org/w/api.php'
>>> api_params = {'format':'json', 'action':'query', 'titles':'Jack Bauer',
        'prop':'revisions', 'rvprop':'content'}
>>> wiki_data = requests.get(api_url, params=api_params).json()
>>> pprint.pprint(wiki_data)
```

 해 설

첫 번째 줄에서 requests와 pprint 모듈을 import했다. 이처럼 복수의 모듈을 쉼표(,)로 구분하여 한꺼번에 import할 수 있다. 두 번째 줄이 이번 위키피디아 API의 기본 URL이다.

세 번째 줄에서 URL에 추가하는 파라미터를 변수에 대입하고 있는데, 원하는 데이터의 제목 등을 지정하고 있다. `titles`에 검색하고 싶은 키워드를 넣으면 위키피디아에서 검색한 결과가 반환된다. 원하는 키워드로 시험해 본다. 네 번째 줄에서는 requests 모듈의 get 메소드를 사용하여 위키피디아에서 취득한 결과를 변수 wiki_data에 저장했다. 그리고 마지막으로 pprint로 결과를 표시했다.

◆ 미디어위키 API의 쿼리 매개변수에 대해서

지금까지 기본 URL 뒤에 정보를 추가한다고 표현했는데, ? 기호 이후의 정보는 쿼리 파라미터 (query parameter)라고 한다. 그 외에도 몇 가지 호칭이 더 있지만, 이 책에서는 쿼리 파라미터라 부르겠다. 쿼리는 질의라는 뜻이니 쿼리 파라미터는 질의하기 위한 파라미터라는 뜻이다. 예제에서의 쿼리 파라미터를 분리해 보면 다음의 다섯 가지로 나뉜다.

1. **format = json**
2. **action = query**
3. **titles = Jack Bauer**
4. **prop = revisions**
5. **rvprop = content**

각각의 쿼리 매개변수가 무엇을 의미하는지 살펴보자. `format`은 반환되는 데이터의 형식을 의미하는 매개변수다. 여기서는 JSON 형식을 지정하였다. `action`은 API의 종류를 의미한다. 위키피디아의 데이터를 검색하고 싶으므로 query(질의)로 지정하였다. `titles`는 검색하고 싶은 키워드를 의미한다. `prop`는 검색 결과로 어떤 정보를 반환할지를 지정한다. `rvprop`는 prop으로 지정한 항목을 더 구체적으로 지정할 수 있다. 각각 어떤 항목을 설정할 수 있는지는 다음 페이지에서 확인해 본다.

▶ **action에 지정할 수 있는 것**
 URL https://en.wikipedia.org/w/api.php

▶ **action으로 query를 지정했을 때 prop에 지정할 수 있는 것**
 URL https://en.wikipedia.org/w/api.php?action=help&modules=query

▶ **prop으로 revisions를 지정했을 때 rvprop에 지정할 수 있는 것**
 URL https://en.wikipedia.org/w/api.php?action=help&modules=query%2Brevisions

다양한 조건을 지정할 수 있지만, 위키피디아 검색 결과를 표시하고 싶다면 앞의 예제에서 지정한 설정을 그대로 사용하고, titles 파라미터만 바꾸면 된다. 각 파라미터의 값을 바꿔 가며 확인할 수 있는 'API 샌드박스'라는 서비스를 위키피디아에서 제공하고 있다.

▶ **API를 시험할 수 있는 페이지**

URL https://www.mediawiki.org/wiki/Special:ApiSandbox

브라우저에서 이 사이트로 접속하면 다음과 같은 화면이 표시된다.

그림 위키피디아 API 샌드박스

항목을 선택하고 'Make request' 버튼을 누르면 어떤 데이터가 돌아오는지 확인해 볼 수 있다.

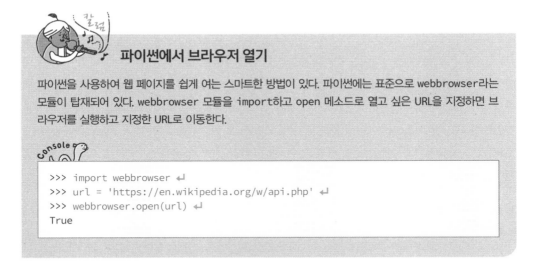

파이썬에서 브라우저 열기

파이썬을 사용하여 웹 페이지를 쉽게 여는 스마트한 방법이 있다. 파이썬에는 표준으로 webbrowser라는 모듈이 탑재되어 있다. webbrowser 모듈을 import하고 open 메소드로 열고 싶은 URL을 지정하면 브라우저를 실행하고 지정한 URL로 이동한다.

```
>>> import webbrowser ↵
>>> url = 'https://en.wikipedia.org/w/api.php' ↵
>>> webbrowser.open(url) ↵
True
```

◆ 위키피디아의 정보를 취득(응용 1편)

프로그램을 사용하여 위키피디아의 데이터를 취득해 봤다. 아직 불편한 점이 있으니 하나씩 개선하자. 우선은 '날씨 웹 서비스' 때와 마찬가지로 검색하고 싶을 때마다 프로그램을 타이핑하는 것은 번거로우니 파일로 만들자. 그리고 이번에는 프로그램의 실행 결과를 파일에 쓸 것이다. 다음 프로그램을 wiki1.py라는 이름으로 저장하고 실행해 본다.

↓ wiki1.py py

```
import requests
import codecs ●————————————————————————— 윈도우의 경우
api_base_url = 'https://en.wikipedia.org/w/api.php'
api_params = {'format':'xmlfm', 'action':'query', 'titles':'jack bauer',
        'prop':'revisions', 'rvprop':'content'}
wiki_data = requests.get(api_base_url, params=api_params)
fo = codecs.open('C:\\Users\\(사용자 이름)\\Desktop\\wiki.html',
        'w', 'utf-8')                                            ┐
                                                                ├—— 윈도우의 경우
fo = open('/Users/(사용자 이름)/Desktop/wiki.html', 'w') ●——————— 맥의 경우
fo.write(wiki_data.text)
fo.close()
```

 해 설

네 번째 줄에서 api_params의 format 값을 json에서 xmlfm로 변경하였는데, 이렇게 하면 xml 형식[18]의 데이터를 html 형식[19]으로 취득하게 된다. 또 네 번째 줄 이후에서는 취득한 데이터를 파일에 쓰고 있다. 파일의 저장 위치는 각자 환경에 맞춰 지정하도록 한다. 파일의 확장자를 .html으로 지정했는데, 그러면 파일을 클릭했을 때 브라우저에 파일이 열리게 된다.

◆ 미디어위키 API 호출 결과

위 코드를 통해 저장한 파일을 브라우저에서 열면 다음과 같이 줄 바꿈이 되어 보기 좋게 출력된다. 이는 XML 형식의 데이터에 HTML 태그를 추가하여 보기 쉽게 한 것이다. 단, HTML 형식의 데이터는 브라우저에서는 보기 쉽지만, 프로그램에서 다루기는 어렵다. 순수한 XML

---

[18] xml은 다양한 정보를 '정보의 의미'와 '정보의 내용'으로 나누어 텍스트로 기술한 형식이다.

[19] html은 브라우저에서 보여지기 위한 형식이다.

형식으로 데이터를 얻기 원한다면 format 파라미터의 값을 xml로 지정하면 된다.

```
MediaWiki API result

This is the HTML representation of the XML format. HTML is good for debugging,
but is unsuitable for application use.

Specify the format parameter to change the output format. To see the non-HTML
representation of the XML format, set format=xml.

See the complete documentation, or the API help for more information.

<?xml version="1.0"?>
<api batchcomplete="">
 <query>
  <normalized>
   <n from="jack bauer" to="Jack bauer" />
  </normalized>
  <pages>
   <page _idx="11917774" pageid="11917774" ns="0" title="Jack bauer">
…생략
```

위키피디아에서 검색한 결과를 파일로 저장하는 프로그램을 만들어 보았다. 다만, 한 가지 아쉬운 점은 다른 키워드를 검색하고 싶을 때마다 프로그램 코드를 열어 api_params를 수정해야 한다는 점이다. 코드를 수정하지 않고도 검색 키워드를 바꿀 수 있는 방법은 없을까?

◆ 프로그램에 인자를 전달하는 방법

여기서 잠시 위키피디아의 내용에서 벗어나서 프로그램을 실행할 때 인자를 전달하는 방법을 알아보자. 파이썬의 표준 라이브러리 sys를 사용하면 프로그램을 실행하면서 전달한 데이터를 얻어 올 수 있다. 우선, 다음 코드를 파일에 쓰고 저장한다.

⤓ try_sys.py `py`

```
import sys
print(sys.argv)
```

try_sys.py라는 이름으로 저장했다. 이 파일을 실행해 본다.

```
python try_sys.py one two three four! ↵
 ['try_sys.py', 'one', 'two', 'three', 'four!']
```

해 설

이번 프로그램은 두 번째 줄에서 sys.argv를 출력한 것이 전부다. 프로그램을 실행하면 리스트형 데이터가 출력되었다. 출력된 리스트의 첫 번째는 파일명 try_sys.py이고, 이후에는 프로그램을 실행할 때 스페이스를 주고 입력한 one, two, three, four!가 출력되었다. 이처럼 sys 모듈을 사용하면 프로그램을 실행할 때 지정한 인자들을 프로그램 내에서 조회할 수 있다.

◆ 위키피디아의 정보를 취득(응용 2편)

프로그램을 실행할 때 데이터를 전달하는 방법을 알아보았다. 이번에는 다음과 같은 서식으로 사용할 수 있는 프로그램을 만들어 보자.

서식

```
python wiki2.py 키워드
```

프로그램을 실행할 때 검색 키워드를 넘기면 위키피디아에서 검색한 결과를 파일로 저장하는 프로그램이다. 저장되는 파일의 이름은 검색 키워드가 되게 할 것이다.

⬇ wiki2.py `py`

```
import requests, sys
import codecs ●──────────────────────────────── 윈도우의 경우
search_word = sys.argv[1]
api_url = 'https://en.wikipedia.org/w/api.php'
api_params = {'format':'xmlfm', 'action':'query', 'prop':'revisions',
        'rvprop':'content'}
api_params['titles'] = search_word
wiki_data = requests.get(api_url, params=api_params)
fo = codecs.open('C:₩₩Users₩₩(사용자 이름)₩₩Desktop₩₩'+ search_word
        + '.html', 'w', 'utf-8') ●──────────────── 윈도우의 경우
fo = open('/Users/(사용자 이름)/Desktop/'+ search_word + '.html', 'w') ●── 맥의 경우
fo.write(wiki_data.text)
fo.close()
```

해설

세 번째 줄에서 방금 배운 sys 모듈의 argv(리스트형 변수)에서 인자로 지정한 검색 키워드를 가져와서 변수 search_word에 대입하였다. 그리고 6번째 줄에서 api_params에 검색 키워드를 추가하였고, 검색 결과를 저장하는 파일명에도 사용하였다. 나머지는 기존 코드와 크게 다르지 않다. 다만, 이 프로그램을 인터랙티브 셸에서 실행하면 세 번째 줄의 sys.argv[1](argv의 첫 번째)에서 에러가 발생한다. 파이썬 파일을 실행할 때 argv에 데이터가 들어가고 인터랙티브 셸에서 실행하면 값이 존재하지 않기 때문이다.

다음과 같이 프로그램을 콘솔에서 실행하여 검색 결과가 지정한 파일 경로에 잘 저장되는지 확인해 보도록 한다.

```
python wiki2.py Starcraft ↵
```

sys.argv는 리스트형 변수이므로 한 개 이상의 인자를 넘기는 것이 가능하다. 따라서 코드를 개선하여 저장할 파일의 경로나 파일 이름도 인자로 줄 수도 있다. 한 번 도전해 보기 바란다.

웹 API 사용 시 주의점

requests 모듈을 사용하여 웹사이트에 있는 데이터를 취득하거나 웹 API를 통해 데이터를 취득하는 방법을 알아봤다. 이때 주의해야 할 점이 몇 가지 있다.

◆ 웹 API는 변한다

무료로 제공되는 웹 API는 사전 공지 없이 사양이 변경될 수 있다. 그러면 지금까지 문제없이 동작하던 웹 API가 갑자기 동작하지 않게 되는 것이다. 또한, 잘 쓰던 웹 API 서비스가 종료되는 경우도 있다. 이것도 아쉽지만 어쩔 수 없다.

애초에 왜 웹 API를 무료로 제공하는 것일까? 그것은 제공하는 업체의 서비스를 더 사용하게 하기 위해서거나 인지도를 높이기 위해서다. 그러한 목적을 달성하는 데 도움이 안 되는 서비스를 계속 제공하기는 어려울 것이다.

한편, 사용법의 변경이 이루어지는 경우에는 그에 대한 문서가 반드시 공개되기 마련이다. 따라서 공개된 문서를 잘 확인하여 무엇이 변경되었는지를 파악하고 프로그램을 수정하여 대처해야 한다.

◆ 웹 API의 지나친 사용에 주의

DoS(Denial of Service) 공격 혹은 F5 공격이라는 말을 들어봤는가? 간단히 설명하면 웹 열람자의 입장에서 해당 웹사이트를 표시하지 못하도록 하는 사이버 공격의 일종이다. 웹사이트에 많은 요청을 가하면 서버가 많은 요청을 처리하려다 감당이 안 되서 웹사이트를 표시할 수 없게 되는 것이다.

웹 API도 프로그램을 통해 많은 요청을 보내면 의도치 않게 DoS 공격을 하는 것과 마찬가지가 된다. 그래서 일부 웹 서비스는 일정 시간 동안 요청할 수 있는 횟수를 제한하기도 하고, 이용 횟수에 따라 요금을 부과하기도 한다.

여기서 소개한 두 개의 API '기상청 예보 서비스'와 '위키피디아'는 무료이고 이용 제한이 따로 명시되어 있지 않다. 이런 웹 API일수록 무리한 요청을 하지 않도록 주의하자. 따로 정해진 기준은 없지만, 10초에 1회를 넘어서는 빈도로 요청하지 않는 것이 좋다.

6-4

외부 라이브러리를 사용한 프로그래밍
파이썬으로 데이터 수집

이번에는 파이썬으로 인터넷 사이트의 데이터를 수집하는 방법을 소개한다. 웹사이트의 데이터를 수집하는 것은 크롤링(crawling)과 스크래핑(scraping)이 있다.

 크롤링과 스크래핑

크롤링은 웹사이트의 데이터를 그대로 취득하는 것으로서 지면을 기어가는 움직임을 뜻하는 크롤(crawl)에서 파생된 말이다. 반면, 스크래핑은 크롤링하며 모은 데이터에서 필요한 것만을 추출하거나 변환하는 처리를 포함한다. 스크래프(scrape)는 긁어 낸다는 뜻이다.

가령 requests 라이브러리를 사용하여 야후(Yahoo)의 페이지를 취득하였다(➡ **p.219**)면 여기서 취득한 데이터는 브라우저에서 사용하는 HTML 형식의 데이터다. 여기까지는 크롤링이라 할 수 있다. 그리고 취득한 HTML 형식의 데이터에서 HTML 태그라고 불리는 `<html></html>` 같은 기호들 속에서 필요한 정보만을 빼내는 것이 스크래핑이다.

 BeautifulSoup4란?

BeautifulSoup4는 스크래핑을 위한 모듈이다. '아름다운 수프'라는 뜻의 이 특이한 이름은 HTML이나 그 외 여러 요소들로 구성된 웹상의 다양한 페이지들을 부대찌개 같은 수프에 비유했다고 볼 수 있다. HTML 태그는 기본적으로는 `<html></html>`처럼 시작과 종료 태그의 쌍이 맞아야 한다. 그런데 인터넷에는 작업자의 실수로 쌍이 맞지 않는 경우가 많다. BeautifulSoup4를 사용하면 그렇게 짝이 맞지 않는 태그도 아름답게 처리해 준다. 이처럼 웹상의 잡다한 재료를 곱게 끓여서 아름다운 수프로 만들어 준다는 의미로 이름을 기억해 두자. 그런데 이전 버전인 BeautifulSoup3은 파이썬 3에서 돌아가지 않음에 주의한다.

▶ **BeautifulSoup4 공식 사이트**

URL http://www.crummy.com/software/BeautifulSoup/bs4/doc/

BeautifulSoup4 설치

BeautifulSoup4도 지금까지와 마찬가지로 pip 명령어(맥에서는 pip3)로 설치할 수 있다.

```
pip install beautifulsoup4 ↵
```

대소문자에 주의한다. 설치했으면 다음 코드를 인터랙티브 셸에 입력하여 문제없이 import할 수 있는지 확인한다. 이때 Beautiful과 Soup 사이에 스페이스를 넣거나 대소문자를 틀리면 에러가 발생하므로 주의한다.

```
>>> from bs4 import BeautifulSoup ↵
>>> soup = BeautifulSoup("<html> Lollipop </html>", "html.parser") ↵
```

에러가 나지 않으면 잘 설치된 것이다. 이로써 BeautifulSoup4를 사용할 준비가 완료되었다. 두 번째 줄에서 두 번째 인자로 지정한 html.parser는 html을 파싱하기 위해 지정한 것이다. html.parser는 파이썬에 표준으로 탑재되어 있다.

BeautifulSoup4로 스크래핑

우선, BeautifulSoup4의 기본적인 사용법을 소개한다.

```
>>> import requests ↵
>>> from bs4 import BeautifulSoup ↵
>>> html_data = requests.get('http://yahoo.com') ↵
>>> soup = BeautifulSoup(html_data.text,"html.parser") ↵
>>> soup.title ↵
<title>Yahoo</title>
```

먼저, 수프의 원료가 되는 데이터를 획득하는 것으로부터 시작한다. 이를 위해 지금까지 사용해 온 requests 모듈을 사용한다. 획득한 데이터와 HTML을 해석하는 파서(여기서는 html. parser)를 사용하여 BeautifulSoup 클래스의 객체를 생성하고, 변수 soup에 대입한다. 이 변수 soup을 사용하여 필요한 데이터를 추출하는 것이 requests 모듈과 BeautifulSoup를 사용한 스크래핑의 주요 흐름이다.

마지막, 다섯 번째 줄에서 'soup.title'을 입력했다. 이처럼 변수 soup에 이어 꺼내고 싶은 요소를 지정하면 HTML 데이터에서 title이 적힌 요소를 얻을 수 있다. 출력 결과를 보면 <title></title> 태그에 둘러싸인 HTML의 제목 'Yahoo'가 추출된 것을 확인할 수 있다.

◆ Yahoo의 RSS를 스크래핑

그러면 BeautifulSoup4로 하는 스크래핑의 첫걸음으로 야후에서 제공하는 RSS에서 기사의 제목을 취득해 보자. 그 전에 RSS란 무엇인지 알아보자. RSS는 웹사이트의 요약 내용과 업데이트 시간을 XML을 기반으로 한 포맷(서식)에 정리한 것이다. 야후처럼 많은 사람이 찾는 인기 사이트는 RSS를 내보내는 경우가 많다. 다음 아이콘이 RSS를 뜻한다. RSS의 존재를 몰랐더라도 이 아이콘은 낯이 익을 것이다.

그림 **RSS 아이콘**

이 RSS가 있는 이유는 RSS 리더라는 서비스에게 웹사이트의 업데이트 내역을 알려 주기 위해서다. 그리고 이 외에도 여러 가지 용도가 있지만, 우리는 단순히 '웹사이트의 내용을 요약하여 프로그램에서 다루기 쉬운 형식으로 배포되는 것'으로 이해하자. 야후에서 제공하는 RSS는 다음 페이지에 정리되어 있다.

▶ 야후!뉴스 RSS

URL https://investor.yahoo.net/rss.cfm

여기서 원하는 'RSS'를 클릭해 보자.

What is RSS?

Really Simple Syndication (RSS) is a format designed for sharing web content such as headlines. An RSS feed highlights fresh material for you, so you don't have to repeatedly check a site yourself for updates.

How do I use RSS?

To make use of RSS, you'll need an RSS reader, or aggregator. An RSS aggregator can be a stand-alone application, or a plug-in for another program you already use, such as Microsoft Outlook. Some web browsers, such as Firefox and Safari RSS, have RSS readers built in. There are also online aggregators, websites such as My Yahoo or Bloglines that allow you to customize them by adding RSS feeds. Find a downloadable RSS aggregator.

To view a feed in your RSS Aggregator:

1. Click on the RSS feed that corresponds to the topic that interests you.
2. Copy the URL.
3. Paste the URL into your reader.

RSS Feeds

All News Releases

Financial Releases

General Releases

All SEC Filings

Form 4 SEC Filings

Annual Report and Proxy Filings

그림   야후!뉴스 RSS

[RSS] 버튼을 클릭하면 XML 형식으로 페이지가 표시된다.

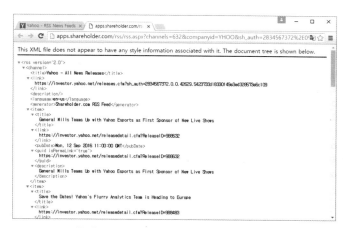

그림   [RSS] 버튼을 클릭하면 RSS 형식으로 뉴스가 표시된다

XML 형식은 <channel>과 <title> 같은 XML 태그를 이용한 서식이다. XML 태그에는 다음과 같은 특징이 있다.

▶ 시작 태그가 <title>이면 </title>이 종료 태그가 된다. 즉, 태그의 이름 앞에 /(슬래시)가 들어 있는 것이 종료 태그가 된다

▶ 시작 태그와 종료 태그는 짝을 이룬다

▶ 태그는 중첩될 수 있다. 예를 들어, <channel>의 시작 태그와 종료 태그 사이에 <title> 태그 가 있으면 title 태그는 channel 태그 안에 있다고 한다

스크래핑을 할 때는 원하는 정보가 어떤 태그 안에 있는지부터 알아내야 한다. 아래 예를 보면 <item> 태그 안에 있는 <title> 태그가 감싸고 있는 'General Mills Teams Up with Yahoo Esports as First Sponsor of New Live Shows'가 뉴스의 제목을 뜻하는 것으로 보인다. 이 문장을 추출하는 것을 목표로 하자. requests 모듈을 사용하여 이 페이지의 데이터를 취득하고, BeautifulSoup4 객체를 생성하여 변수 soup에 대입한다. 비유하자면 데이터를 재료로 수프를 만드는 것이다.

```
>>> import requests ↵
>>> from bs4 import BeautifulSoup ↵
>>> yahoo_xml = requests.get('http://apps.shareholder.com/rss/rss.aspx?channels=
        632&companyid=YAHOO&sh_auth=2834567372%2E0%2E0%2E42629%2E5423733d18330f49e3e
        d328573e6c109') ↵
>>> soup = BeautifulSoup(yahoo_xml.text, "html.parser") ↵
>>> type(soup) ↵
<class 'bs4.Beautiful Soup'>
>>> soup.findAll('item') ↵
[<item>
 <title>General Mills Teams Up with Yahoo Esports as First Sponsor of
        New Live Shows</title>
 <link>https://investor.yahoo.net/releasedetail.cfm?ReleaseID=988632</link>
 <pubdate>Mon, 12 Sep 2016 11:00:00 GMT</pubdate>
 <guid ispermalink="true">
        https://investor.yahoo.net/releasedetail.cfm?ReleaseID=988632</guid>
 <description>General Mills Teams Up with Yahoo Esports as First Sponsor of New
        Live Shows</description>
</item>,
<item><title>Save the Dates! Yahoo's Flurry Analytics Team is Heading to Europe
        </title>]
…생략
```

설명을 위해 6번째 줄에서 soup의 타입을 type 함수로 출력해 봤다. soup는 bs4 모듈의 BeautifulSoup 클래스의 인스턴스다. 그리고 8번째 줄에서 사용한 findAll 메소드는 인자로 전달된 태그를 모두 찾아 결과를 반환한다. 반환된 데이터는 for 루프를 사용하여 다음과 같이 처리할 수 있다.

```
>>> for news in soup.findAll('item'): ↵
... tab print(news.title) ↵
... ↵
<title>General Mills Teams Up with Yahoo Esports as First Sponsor of New Live
    Shows</title>
<title>Save the Dates! Yahoo's Flurry Analytics Team is Heading to Europe</title>
<title>Yahoo to Participate at the Citi Global Technology Conference</title>
<title>Yahoo Esports and ESL Team Up for Live Streaming &amp; Content
    Partnership</title>
<title>Introducing Yahoo View, a TV Watching Experience Featuring Hulu</title>
…생략
```

for문을 사용하여 soup에 있는 item 태그의 개수만큼 loop를 돌면서 print 함수를 호출하고 있다. 그리고 print 함수에서는 변수 news에서 title 태그의 내용만 표시하도록 했다. 또한, 다음처럼 news.title에 .string을 추가하면 <title> 태그 안에 있는 문자열만 출력할 수도 있다.

```
... tab print(news.title.string)
```

◆ 제이펍 홈페이지 스크래핑

이번에는 BeautifulSoup4를 사용하여 제이펍 출판사의 티스토리 홈페이지를 스크래핑해 보자. 스크래핑을 할 때 처음 생각해야 하는 것은 '어떠한 데이터를 취득하고 싶은가?'이다.

여기서는 제이펍 출판사에서 출간한 모든 책의 정보를 얻고자 한다. 제이펍 출판사의 티스토리 홈페이지에 접속하면 지금까지 출간한 모든 책의 정보를 제공하니 먼저 접속해 보도록 한다.

▶ 제이펍 출판사의 출간 책 리스트
URL http://jpub.tistory.com/category/제이펍의%20도서

지금까지처럼 requests로 해당 URL의 HTML 데이터를 취득하고, BeautifulSoup4를 사용하여 soup를 만든다. 여기서 칼럼을 통해 브라우저에서 HTML 코드를 조사하는 방법을 소개하고자 한다. 만약 어렵다고 느껴진다면 코드를 실행하는 곳으로 넘어가도 좋다. 하지만 HTML에 관심이 있고 향후 파이썬으로 스크래핑을 할 계획이 있다면 내용을 꼭 익혀 두기 바란다.

개발자 도구로 HTML 조사하기

HTML 데이터는 브라우저에 그려지는 것이 목적이므로 구조가 XML 이상으로 복잡하다. HTML에서 원하는 정보를 취득하기 위해서는, 원하는 데이터가 어떤 태그 안에 있는지를 확인해야 한다. HTML 데이터는 웹 브라우저에서 접속한 후 마우스 오른쪽 버튼을 클릭하여 '페이지의 소스 보기'를 통해 얻을 수 있다. 간단한 페이지라면 소스를 통해 원하는 내용을 쉽게 확인할 수 있지만, 복잡한 HTML에서는 매우 어렵다. 이때 브라우저에 기본으로 탑재되어 있는 개발자 도구를 쓰면 편리하다.

브라우저별로 개발자 도구를 여는 방법을 다음과 같이 정리했다. 브라우저에서 원하는 웹사이트에 접속한 후 개발자 도구를 열어 본다.

▶ **Chrome의 경우(개발자 도구):**
윈도우: `F12`를 누른다.
맥: `command`+`option`+`I`를 동시에 누른다.

▶ **Firefox의 경우(개발 툴):**
윈도우: `Ctrl`+`shift`+`I`를 동시에 누른다.
맥: `command`+`option`+`K`를 동시에 누른다.

▶ **Safari의 경우(개발 메뉴):**
Safari의 환경 설정, 상세 탭에서 '메뉴 바에 개발 메뉴를 표시' 체크
맥: `command`+`option`+`U`를 동시에 누른다.

▶ **Internet Explorer의 경우(개발자 도구)**
윈도우: `F12`를 누른다.

이 책에서는 Chrome의 개발자 도구를 예로 설명하겠다. 개발자 도구를 열면 위쪽에 웹사이트가 표시되고, 아래쪽에 개발자 도구가 표시된다. 개발자 도구 상단 메뉴의 가장 왼쪽에 있는 화살표 아이콘을 클릭하면 브라우저상의 요소를 클릭할 수 있는 모드가 된다. 그 상태에서 위쪽에 표시된 웹사이트에서 책의 리스트 하나를 클릭해 본다. 그러면 해당 HTML 요소가 개발 툴 화면에 표시된다. 책의 이름은 다음과 같은 HTML 태그 안에 들어가 있다.

```
…생략
<li class="floatWrapper">
<span class="date">2017.01.04</span>
  <span class="list">
    <a href="/651">자바스크립트와 Node.js를 이용한 웹 크롤링 테크닉</a>
    <span class="cnt"></span>
  </span>
</li>
…생략
```

책의 제목은 `<span class="list">~</span>` 사이에 있다. span 태그이면서 class 값으로 "list"를 가지는 첫 번째 요소를 출력해 보자.

```
>>> import requests ↵
>>> from bs4 import BeautifulSoup ↵
>>> jpub = requests.get('http://jpub.tistory.com/category/제이펍의%20도서') ↵
>>> soup = BeautifulSoup(jpub.text, "html.parser") ↵
>>> soup.find('span', class_='list').text ↵
'\n자바스크립트와 Node.js를 이용한 웹 크롤링 테크닉\n\n'
```

soup를 만든 뒤 find 메소드를 사용했다. find 메소드는 인자로 전달한 조건의 태그를 찾고, 최초로 발견한 태그를 반환한다. 이번에는 findAll 메소드를 사용하여 페이지에 표시된 모든 책 목록을 출력해 보자.

find 메소드 사용 시 주의점

find 메소드로 HTML의 class 이름을 검색할 때는 class='값'이 아니라 class_='값'처럼 _을 붙여야 한다. 왜냐하면, 파이썬에서 class는 클래스를 만들 때 사용하는 예약어(➡ p.57)이기 때문이다.

```
>>> for book in soup.findAll(class_='list'): ↵
... tab print(book.find('a').text)

자바스크립트와 Node.js를 이용한 웹 크롤링 테크닉
알고리즘 중심의 머신러닝 가이드(제2판)
탄력적 개발로 이끄는 AWS 실천 기술
성공적인 애자일 도입을 위한 에센셜 스크럼
시작하는 사람들을 위한 고진감래 C언어
…생략
```

해설

제이펍에서 출간한 책 리스트를 스크래핑해 보았다. 개발자 도구를 통해 각 책의 제목이 <span class='list'>...</span> 사이에 있다는 것을 확인하였고, 이를 이용하여 span 태그이면서 class='list'인 모든 목록을 취득하여 그 안에 있는 a 태그의 text 값을 출력하였다.

여기서는 첫 번째 페이지의 내용만 스크래핑했는데, 나머지 페이지들은 어떻게 스크래핑하면 될까? 두 번째 페이지의 URL은 다음과 같다.

▶ 제이펍의 출간 도서 리스트

URL http://jpub.tistory.com/category/제이펍의%20도서?page=2

자세히 살펴보면 뒤에 ?page=2가 있는 것을 알 수 있다. 여기에 값을 바꾸면서 스크래핑을 하면 전체 페이지의 리스트를 획득할 수 있다. 지금까지 배운 for문과 함수를 사용하여 직접 만들어 보고, 다음 코드를 확인해 보기 바란다.

```
>>> import requests
>>> from bs4 import BeautifulSoup
>>> def scrapeJpubBook(page):
... tab jpub = requests.get('http://jpub.tistory.com/category/
        제이펍의%20도서?page='+str(page))
... tab soup = BeautifulSoup(jpub.text, "html.parser")
... tab for book in soup.findAll('span', class_='list'):
... tab tab print(book.find('a').text)
...
>>> for page in range(3):
... tab scrapeJpubBook(page)
```

6-5

외부 라이브러리 모듈을 직접 만들어 보자

지금까지 다양한 외부 라이브러리를 사용하여 이미지를 변환하거나 인터넷에 접속하여 정보를 취득하는 프로그램을 만들어 봤다. 마치 마법 같은 외부 라이브러리들이었지만, 마법은 아니다. 우리가 지금까지 작성한 프로그램처럼 외부 라이브러리도 하나의 프로그램일 뿐이다.

이 장의 서두에서 누구나 라이브러리를 만들 수 있다고 했다. 이번 절에서는 자신만의 라이브러리를 만들고, 프로그램 내에서 import하는 방법을 알아볼 것이다. 여기까지 익히면 여러분도 라이브러리를 만들 수 있다. 작성한 라이브러리를 친구나 인터넷에 공개하면 많은 사람들이 여러분의 라이브러리를 사용할 수 있게 될 것이다. 라이브러리에는 패키지와 모듈이 있는데, 여기서는 모듈을 만들어 볼 것이다.

 ## 모듈을 만드는 방법

모듈을 만드는 것 자체는 어렵지 않다. 간단하게 요약하면 다음과 같다.

1 모듈로 만들고 싶은 처리를 파일에 쓴다.

2 1에서 만든 처리를 원하는 이름으로 저장한다.

단, 두 가지 절차만으로 모듈을 만들 수 있다. 그러면 실제로 만들어 보자. 편집기를 열어 다음 코드를 작성하고, newyear1.py라는 이름으로 저장한다.

⬇ newyear1.py `py`

```
print('happy new year !!')
```

이것으로 'newyear1'이라는 이름의 모듈이 만들어진 것이다. 그러면 다른 프로그램에서 이 모듈을 읽어 보자. 파일을 저장한 위치에서 인터랙티브 셀을 실행한다. newyear1.py라는 이름으로 저장했으니 newyear1을 import하면 된다.

```
>>> import newyear1 ↵
happy new year !!
```

모듈을 잘 읽은 것을 알 수 있다. 다만, 읽은 동시에 모듈의 내용인 print 함수가 실행되고 말았다. 모듈을 가져오는 순간에 모듈의 내용이 실행되는 것은 바람직하지 않다. 미리 읽어 두고 필요할 때 실행되어야 한다. import하는 순간에 실행되지 않게 하려면 파이썬에 미리 준비되어 있는 변수 __name__을 활용한다. 3-3절에서 dir 함수를 소개할 때 '인자 없이 dir 함수를 실행하면, 현재 위치에서 사용할 수 있는 변수와 클래스, 메소드가 표시된다'라고 설명했다 (➡ p.130). 인터랙티브 셀을 실행하여 다음과 같이 입력해 보자.

```
>>> dir() ↵
```

이처럼 dir 함수를 파라미터 없이 실행하면 다음과 같이 표시된다.

출력 결과

```
['__builtins__', '__cached__', '__doc__', '__loader__', '__name__', '__
        package__', '__spec__','newyear1']
```

다섯 번째에 __name__이 있다. 여기서 print 함수로 __name__을 출력해 보면 __main__이라는 문자열이 들어 있는 것을 확인할 수 있다.

```
>>> print(__name__) ↵
__main__
```

인터랙티브 셸이나 파일을 실행할 때는 변수__name__에 '__main__'이라는 값이 들어 있다. 그런데 import한 모듈에서는 __name__에 그 모듈의 이름이 들어간다. 시험 삼아 확인해 보자. newyear2.py에 다음 내용을 작성하고 저장한다.

📥 newyear2.py `Py`

```
print(__name__)
```

인터랙티브 셸을 exit()로 종료하고 다시 실행하여 import해 보자.

Console

```
>>> import newyear2 ↵
newyear2
```

모듈의 이름이 newyear2이므로__name__에 newyear2가 대입되었고, 그것이 print 함수로 출력되었다. 이 기능을 사용하여 작성한 모듈을 import했을 때 바로 실행되지 않도록 해보자.

Text

📥 newyear3.py `Py`

```
if __name__ == '__main__':
  print('happy new year !!')
```

인터랙티브 셸을 재기동하고 다시 import해 본다.

Console

```
>>> import newyear3 ↵
>>>
```

방금 전과 달리 아무것도 표시되지 않았다. 즉, 모듈을 import해도 print 함수가 실행되지 않은 것이다.

보다 실용적인 모듈 만들기

모듈을 만드는 방법을 설명하기 위해 문자열을 출력하기만 하는 의미 없는 모듈을 만들었다. 이번에는 간단하지만 의미 있는 기능이 들어간 모듈을 만들어 보자. 숫자로 달을 입력하면 영어 이름을 알려 주는 모듈이다. 다음 프로그램을 편집기로 작성한 후 monthname.py라는 이름으로 저장한다.

↓ monthname.py `py`

```python
def getMonthName(month):
    month_name = {
        1:"January", 2:"February", 3:"March", 4:"April", 5:"May", 6:"June",
        7:"July", 8:"August", 9:"September", 10:"October", 11:"November",
        12:"December"
    }
    try:
        response = month_name[month]
    except:
        response = 'Please Input Month Between 1~12'

    return response
if __name__ == '__main__':
    print('This is a Module. Please use after import')
```

이 모듈을 import하여 사용해 보자. monthname.py를 저장한 위치로 cd명령(**5-3절 'CUI로 컴퓨터를 조작하는 방법' ➡ p.180**)으로 이동하고, 인터랙티브 셸을 실행한다.

```
>>> import monthname ↵
>>> monthname.getMonthName(1) ↵
'January'
>>> monthname.getMonthName(8) ↵
'August'
>>> monthname.getMonthName(12) ↵
'December'
```

이 프로그램의 핵심은 예외 처리(➡ p.135)와 사전형 데이터를 사용하는 점이다. getMonthName 함수는 한 개의 인자를 받는다. 인자로 전달되는 것은 달을 나타내는 1부터 12까지의 숫자다. 인자 month를 바탕으로 사전형 데이터를 찾아 영어 이름을 반환하는데, 만약 사전형에 없는 키(1~12 이외)가 전달된 경우에는 에러가 발생하지만, try 블록 안에서 사용했으므로 except 블록으로 에러가 전달되어 처리된다. 그러면 에러 메시지인 'Please Input Month Between 1~12'가 변수 response에 들어가 반환되는 구조다.

그리고 이 모듈 monthname.py를 import하지 않고 직접 실행했을 경우 import해서 사용하도록 경고 메시지를 출력한다.[20]

```
>>> monthname.getMonthName(15)
'Please Input Month Between 1~12',
>>> monthname.getMonthName('nyan')
'Please Input Month Between 1~12'
```

인터랙티브 셸을 종료하고, monthname.py를 그대로 실행하면 다음과 같은 메시지가 출력된다.

```
python monthname.py ↵
This is a Module. Please use after import
```

1~12 사이의 숫자를 입력하면 영어로 해당 월의 이름을 반환하고, 그 이외의 숫자(0, 13 이상 등)나 문자열을 입력하면 오류 메시지가 표시되는 모듈을 만들었다.

---

[20] 모듈 파일을 직접 실행하는 것은 의도하지 않은 실행 방법이다.

라이브러리, 패키지, 모듈에 대해서

import 기능은 쉽게 기능을 확장할 수 있어 매우 편리하고 중요한 기능이다. 이 import로 가져오는 대상에 대해 라이브러리, 패키지, 모듈이라는 표현이 자주 사용된다. 4-3절 표준 라이브러리에서 간단하게 설명했지만, 여기서는 좀 더 자세히 설명하고자 한다. 그리고 라이브러리, 패키지, 모듈이라는 용어는 다른 프로그래밍 언어에서도 사용되는 용어인데, 여기서의 설명은 파이썬에만 해당되고, 다른 언어에서는 다소 다른 의미로 사용될 수도 있다.

◆ 모듈

모듈은 xxx.py라는 한 개의 파일에 정리된 기능을 말한다. 'import xxx'로 읽어 들인다.

서식

```
import (파일 이름)
```

◆ 패키지

패키지는 복수의 모듈을 한 개의 폴더에 넣어 묶은 것이다. yyy라는 폴더에 aaa.py, bbb.py라는 복수의 모듈 파일을 넣은 것을 'import yyy.aaa'나 'import yyy.bbb'로 읽어 들인다.

또한, 파이썬 2에서는 폴더를 패키지로 인식시키기 위해 폴더 안에 __init__.py라는 파일이 있어야 한다. 이때 __init__.py의 내용은 비어 있어도 괜찮다.

서식

```
import yyy.aaa
```

◆ 라이브러리

라이브러리는 모듈이나 패키지를 가리키는 총칭으로 사용된다. 예를 들어, 파이썬의 표준 라이브러리인 calendar 모듈과 tkinter 패키지는 파이썬 코드의 Lib(Library의 약자)라는 폴더 안에 있다. 즉, Lib 폴더 아래에 있는 모듈과 패키지를 표준 라이브러리라고 부른다.

라이브러리 코드는 어디에 있을까?

import한 모듈이나 라이브러리의 소스 코드가 어디에 있는지 확인할 수 있는 방법이 있다. 다음처럼 import한 모듈의 __file__ 속성을 print 함수로 출력해 본다.

```
>>> import calendar ↵
>>> print(calendar.__file__) ↵
/Library/Frameworks/Python.framework/Versions/3.6/lib/python3.6/calendar.py
```

calendar 모듈이 구현된 calendar.py의 위치가 출력되었다. 이 calendar.py를 열어 보면 표준 라이브러리 모듈인 calendar도 지금까지 이 책을 통해 배운 문법을 그대로 사용하고 있음을 알 수 있다. 파이썬을 만든 대단한 사람들이 작성한 모듈을 직접 확인할 수 있다고 생각하니 설레지 않는가? 참고로, calendar 모듈에서 윤년을 판정하는 함수는 다음처럼 한 줄로 간결하게 작성되어 있다.

```
def isleap(year):
    """Return True for leap years, False for non-leap years."""
    return year % 4 == 0 and(year % 100 != 0 or year % 400 == 0)
```

고수들의 코드이니만큼 배울 점이 많다. 꼭 한 번 모듈들의 소스 코드를 읽어 보기 바란다. 그런데 읽는 과정에서 표준 라이브러리의 파일 이름은 바꾸지 않도록 주의한다.

Chapter 7

애플리케이션을 만들자

지금까지 콘솔에서 인터랙티브 셸을 실행하여 파이썬으로 할 수 있는 여러 가지를 배웠다. 이번 장에서는 우리가 평상시 많이 사용하는 버튼, 메뉴 바 등이 있는 GUI 애플리케이션을 만드는 방법을 알아본다.

7-1

tkinter를 사용한 GUI 프로그래밍

파이썬에는 GUI 애플리케이션을 만들기 위한 라이브러리인 **tkinter**[21]가 표준으로 준비되어 있다. tkinter는 tool kit interface의 약자로서 다른 표준 라이브러리와 마찬가지로 import하여 사용할 수 있다. 이번 장에서는 tkinter를 사용하여 간단한 GUI 애플리케이션을 만들어 볼 것이다.

▶ 파이썬 공식 tkinter 페이지
    URL http://docs.python.org/3.6/library/tkinter.html

 tkinter 시작하기

tkinter를 사용한 GUI 애플리케이션을 만드는 방법을 간단하게 요약하면 다음과 같다.

1 tkinter의 모듈을 사용하여 GUI 화면을 만든다.
2 **1** 에서 만든 GUI 화면을 조작했을 때 어떤 처리를 수행할지 프로그램에 기술한다.

버전에 따른 차이

파이썬의 버전에 따라 tkinter의 첫 't'가 대문자 혹은 소문자가 된다. 파이썬 2에서는 import Tkinter 처럼 대문자를 사용하고, 파이썬 3에서는 import tkinter처럼 소문자를 사용한다.

---

[21] tkinter를 읽는 공식적인 방법은 없지만, "티·케이·인터"라고 많이 불린다. '티킨터'라고 부르는 사람도 있다.

첫 번째 순서로 tkinter 모듈을 사용하여 GUI 화면을 만들어 보자. 언제나처럼 인터랙티브 셸을 실행시키고, 다음 세 줄을 실행해 본다.

```
>>> import tkinter as tk ↵
>>> base = tk.Tk() ↵
>>> base.mainloop() ↵
```

해설

첫 번째 줄에서 tkinter 모듈을 tk로 import했고, 두 번째 줄에서 애플리케이션의 베이스가 되는 Tk() 클래스를 인스턴스화했다.

```
import tkinter as tk
base = tk.Tk()
```

이를 실행하면 다음과 같은 작은 화면이 뜬다.

그림 **tkinter의 최초 화면**

콘솔을 전체 화면으로 했다면 화면이 뜬 것을 알기 어려울 수 있다. 일단 콘솔 화면을 작게 하거나 최소화하여 다음과 같은 아이콘의 애플리케이션이 실행된 것을 확인한다. 윈도우에서는 태스크 바에 표시되고, 맥에서는 Doc에 표시된다.

그림 애플리케이션 아이콘

마지막에 실행한 `mainloop` 함수는 화면이 계속 표시되도록 유지하고, 이 화면에 놓인 요소에 대한 조작과 처리를 화면에 반영하는 역할을 한다.

```
base.mainloop()
```

다만, 인터랙티브 셸로 개발하고 있을 때에는 `mainloop` 함수를 호출하지 않아도 화면의 유지와 처리가 이루어진다. 파일로 작성한 프로그램을 실행할 때에는 이 `mainloop` 함수를 반드시 실행해야 한다. 그렇지 않으면 애플리케이션이 실행되자마자 순식간에 사라진다.

 ## 요소를 화면에 배치하기

tkinter에서 할 수 있는 것을 조금씩 확인하면서 사용법을 익혀 보자. 우선, 화면에 버튼을 배치해 보자. 조금 전의 코드로 작성한 윈도우는 닫고, 다음 프로그램을 인터랙티브 셸에 입력하여 실행한다.

```
>>> import tkinter as tk
>>> base = tk.Tk()
>>> button = tk.Button(base, text='PUSH!')
>>> button.pack()
```

네 번째 줄을 실행하면 다음처럼 버튼만 있는 화면이 표시된다. 표시된 버튼을 마우스로 클릭할 수 있는 것도 확인해 본다. 단, 클릭해도 아무런 일도 일어나지 않는다. 클릭했을 때의 처리를 지정하지 않았기 때문이다.

그림 **button이 배치됐다!**

여기에 두 가지 학습 포인트가 있다. 첫 번째는 버튼이라는 요소를 만드는 방법, 두 번째는 그 버튼을 배치하는 방법이다. 우선은 화면에 표시되는 요소 만드는 방법을 살펴보자. 프로그램의 세 번째 줄에서 Button이라는 클래스를 인스턴스화했다. Button은 tkinter의 클래스다. Tkinter를 tk로 이름 붙였으므로 tk.Button(인자)으로 인스턴스화했다.

```
button = tk.Button(base, text='PUSH!')
```

tkinter에는 화면에 표시할 수 있는 요소의 종류별로 클래스가 준비되어 있다. 요소의 설정 항목을 인자로 전달하여 인스턴스화하면 된다. 서식은 다음과 같다.

> **서식**
>
> tk.요소의 클래스(부모가 되는 인스턴스, 설정 항목 1=xxxx, 설정 항목 2=yyyy, ...)

요소를 배치하려면 먼저, 그 요소를 놓을 위치를 지정해야 한다. 우리가 바탕화면에 파일이나 폴더를 배치할 때는 마우스로 어디든지 자유롭게 둘 수 있었다. 여기서 배치하는 위치를 시스템적으로 생각해 보면 크게 두 가지 관점으로 생각해 볼 수 있다. 첫째는 무엇 위에 둘지, 그리고 둘째는 그 위에서의 위치다. 무엇 위에 둘지는 요소를 인스턴스화할 때 첫 번째 인자로 지정한다. 그리고 그 부모 인스턴스 위에서의 구체적인 위치는 요소에 준비된 pack 메소드를 사용하여 지정한다.

위 예제에서는 버튼을 기본 화면 위에 두기 위해 base를 첫 번째 인자로 넘겼다. 그리고 두 번째 인자로 버튼에 표시할 문자열을 지정했다. 두 번째 이후에 지정할 수 있는 인자의 종류는 요소의 종류별로 다르다. 크기를 설정하는 width나 height 등의 설정 항목도 있다.[22]

여기까지 어떤 버튼을 만들지 설정하는 방법을 알아보았다. 다만, 아직 화면에 버튼이 표시되지 않았다. 화면에 표시하기 위한 처리가 네 번째 줄의 pack() 메소드다.

```
button.pack()
```

이 pack 메소드를 실행하면 기본 화면 위에 요소를 위에서부터 차례대로 나열한다. 시험 삼아 몇 가지 버튼을 만들어 pack 메소드를 사용하여 나열해 보자.

인터랙티브 셸에서 비슷한 입력을 반복할 경우에는 ⬆를 눌러 과거의 입력을 다시 표시하고, 변경하고 싶은 부분까지 좌우로 이동하여 편집하면 편리하다.

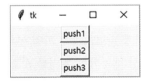

```
>>> import tkinter as tk ↵
>>> base = tk.Tk() ↵
>>> button1 = tk.Button(base, text='push1') ↵
>>> button2 = tk.Button(base, text='push2') ↵
>>> button3 = tk.Button(base, text='push3') ↵
>>> button1.pack() ↵
>>> button2.pack() ↵
>>> button3.pack() ↵
```

```
 🖋 tk      —    ☐    ✕
        push1
        push2
        push3
```

그림 button을 세 개 배치

pack 메소드에는 어느 위치에 놓을지를 지정하기 위한 옵션이 있다. 이 옵션을 지정함으로써 위에서부터 차례로 늘어놓는 방식 이외의 방법을 지정할 수도 있다. 가령, side라는 옵션을

---

[22] 영어의 의미 그대로 width는 폭, height은 높이를 나타낸다.

사용하면 나열하는 방향이 바뀐다.

표 side 옵션으로 설정할 수 있는 방식

설정 항목	내용
tk.TOP	위에서부터 늘어놓는다(디폴트)
tk.LEFT	왼쪽에서부터 늘어놓는다
tk.RIGHT	오른쪽에서부터 늘어놓는다
tk.BOTTOM	밑에서부터 늘어놓는다

이를 참고하여 pack 메소드의 설정을 바꾸어 가며 실행해 보자.

```
>>> import tkinter as tk ↵
>>> base = tk.Tk() ↵
>>> button1 = tk.Button(base, text='push1', width=20).pack() ↵
>>> button2 = tk.Button(base, text='push2').pack(side=tk.LEFT) ↵
>>> button3 = tk.Button(base, text='push3').pack(side=tk.RIGHT) ↵
```

해설

세 번째 줄부터 살펴보자.

```
>>> button1 = tk.Button(base, text='push1', width=20).pack() ↵
```

단 한 줄이지만, 크게 세 가지 처리를 수행하고 있다.

1. **Button 클래스를 인스턴스화**
2. **pack 메소드를 호출**
3. **button1 변수에 저장**

게다가 1에서 Button 클래스를 인스턴스화할 때 배치하는 부모 인스턴스, 출력될 텍스트, 요소의 폭을 인자로 지정했다. 다음 두 줄에서는 pack() 메소드를 호출할 때 side 옵션을 다르게 주었다.

```
>>> button2 = tk.Button(base, text='push2').pack(side=tk.LEFT) ↵
>>> button3 = tk.Button(base, text='push3').pack(side=tk.RIGHT) ↵
```

다음 화면처럼 버튼이 배치되었을 것이다. 창을 확대해 나가다 보면 push2 버튼은 왼쪽에, push3 버튼은 오른쪽에 달라붙은 채 확대된다. 이는 tk.LEFT는 '왼쪽부터 채우기', tk.RIGHT 는 '오른쪽부터 채우기'라는 옵션이기 때문이다.

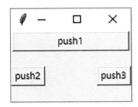

그림   button을 세 개 배치

 pack 메소드 이외의 위치 지정 방법

요소의 위치를 지정하는 메소드는 pack 이외에도 grid와 place가 있다.

◆ grid 메소드

grid라는 단어는 격자(그리드)라는 뜻이다. grid 메소드는 Excel의 표처럼 행(row)과 열(column) 로 위치를 지정할 수 있다.

```
>>> import tkinter as tk ↵
>>> base = tk.Tk() ↵
>>> button1 = tk.Button(base, text='push1') ↵
>>> button2 = tk.Button(base, text='push2') ↵
>>> button3 = tk.Button(base, text='push3') ↵
>>> button1.grid(row=0, column=0) ↵
>>> button2.grid(row=0, column=1) ↵
>>> button3.grid(row=1, column=1) ↵
```

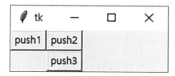

그림 grid로 위치 지정

버튼을 세 개 생성한 후에 push1 버튼을 (가로 0, 세로 0)에, push2 버튼을 (가로 0, 세로 1)에, push3 버튼을 (가로 1, 세로 1)에 배치했다. 이렇게 세로로 몇 번째, 가로로 몇 번째와 같이 버튼을 배치할 수 있다.

◆ place 메소드

place 메소드는 요소의 위치를 x와 y 좌표로 지정할 수 있다.

```
>>> import tkinter as tk
>>> base = tk.Tk()
>>> button1 = tk.Button(base, text='push1')
>>> button2 = tk.Button(base, text='push2')
>>> button3 = tk.Button(base, text='push3')
>>> button1.place(x=0, y=0)
>>> button2.place(x=50, y=30)
>>> button3.place(x=100, y=60)
```

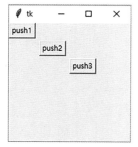

그림 place로 장소를 지정한다

버튼을 생성하는 부분은 grid 메소드와 동일하다. 그 뒤 x, y 좌표를 지정했는데, x는 왼쪽에
서 몇 픽셀, y는 위에서부터 몇 픽셀 떨어져 있는지를 뜻한다. 여기서 픽셀(pixel)이란, 컴퓨터에
서 흔히 사용되는 길이를 나타내는 단위다.

◆ 세 가지 방법의 용도

화면에 요소를 배치하는 세 가지 메소드 pack, grid, place를 알아보았다. 기본적으로는
pack 메소드와 grid 메소드를 사용하는 것이 좋다. 왜냐하면 다른 요소를 추가하거나 화면
구성을 바꿀 때 모든 요소의 좌표를 다시 조정하는 것은 힘든 일이기 때문이다. 다만, pack
메소드와 grid 메소드로는 도저히 둘 수 없는 장소에 두고 싶은 경우에만 place 메소드를
사용한다.

 버튼을 눌렀을 때의 반응 만들기

다음은 버튼을 눌렀을 때의 처리를 작성하는 법을 알아보자. 다음 코드를 실행해 보도록 한다.

```
>>> import tkinter as tk ↵
>>> base = tk.Tk() ↵
>>> def push(): ↵
... tab print('MELON !') ↵
... ↵
>>> button = tk.Button(base, text="WATER", command=push).pack() ↵
```

해설

세 번째 줄에서 함수 push를 정의하고 있다.

```
def push():
```

그 뒤 6번째 줄에서 Button의 설정을 지정하면서 command라는 옵션으로 버튼을 누를 때 실시할 처리를 지정하고 있다.

```
button = tk.Button(base, text="WATER", command=push).pack()
```

마지막으로, pack 메소드로 배치하면 다음과 같은 화면이 표시된다.

그림 WATER라고 쓰인 버튼

이 버튼을 누르면 콘솔에 다음과 같이 표시된다.

출력 결과

```
MELON!
```

WATER라고 쓰인 버튼을 누를 때마다 'MELON!'이라는 문자열이 콘솔에 표시된다. 이는 버튼을 누를 때마다 push 함수가 실행되는 것이다.

 **요소의 종류**

tkinter에는 버튼 외에도 GUI 애플리케이션을 위한 요소가 많이 있다.

◆ 라벨

라벨은 문자열을 표시하기 위한 요소다. 버튼과 마찬가지로 자주 쓰인다. 라벨을 사용하는 예는 다음과 같다.

```
>>> import tkinter as tk ↵
>>> base=tk.Tk() ↵
>>> tk.Label(base, text='적', bg='red', width=20).pack() ↵
>>> tk.Label(base, text='녹', bg='green', width=20).pack() ↵
>>> tk.Label(base, text='청', bg='blue', width=20).pack() ↵
```

그림 **적, 녹, 청 라벨**

 해설

라벨을 만들려면 Label 클래스를 사용한다. 설정 항목의 **text**는 표시되는 문자열을 뜻하고, bg는 background의 약어로서 배경색을 뜻한다. 색은 yellow, cyan, magenta처럼 이름을 지정할 수도 있고, 16진수 컬러 코드를 지정할 수도 있다. 라벨 이외의 요소에도 background를 설정할 수 있으니 테스트해 본다.

width로 라벨의 폭을 지정하고, height로 높이를 지정할 수 있다. 또한, 라벨에는 글자뿐만 아니라 image 항목으로 이미지를 배치할 수도 있다. 이미지를 표시하는 방법은 이 장의 마지막에서 설명한다.

◆ 체크 버튼

체크 버튼이란, 체크를 할 수 있는 네모난 버튼을 말한다. 체크 버튼을 만드는 방법과 값을 취득하는 방법을 알아보자. 다음 코드를 실행해 본다.

```
>>> import tkinter as tk ↵
>>> base = tk.Tk() ↵
>>> topping = {0:'김', 1:'계란', 2:'콩나물', 3:'간장'} ↵
>>> check_value={} ↵
>>> for i in range(len(topping)): ↵
... [tab] check_value[i] = tk.BooleanVar() ↵
... [tab] tk.Checkbutton(base, variable=check_value[i], text = topping[i]).
        pack(anchor=tk.W) ↵
... ↵
>>> def buy(): ↵
... [tab] for i in check_value: ↵
... [tab] [tab] if check_value[i].get() == True: ↵
... [tab] [tab] [tab] print(topping[i]) ↵
... ↵
>>> tk.Button(base, text='주문', command=buy).pack() ↵
```

그림 확인 버튼으로 여러 개 선택한 곳

해설

반찬의 종류를 다음과 같이 사전형 데이터로 정의했다.

```
>>> topping = {0:'김', 1:'계란', 2:'콩나물', 3:'간장'}
```

다섯 번째 줄에서는 for문을 사용하여 반찬의 수만큼(네 번) 반복 처리하여 체크 박스를 만들어 설정, 배치하고 있다.

```
>>> for i in range(len(topping)): ↵
... [tab] check_value[i]=tk.BooleanVar() ↵
... [tab] tk.Checkbutton(base, variable=check_value[i], text=
        topping[i]).pack(anchor=tk.W) ↵
```

for의 조건이 좀 복잡하지만 하나씩 살펴보자. 우선, topping 변수의 요소 수를 len 함수로 취득하여 그 수를 range 함수에 넘겨 for문을 반복하는 횟수로 지정했다. 이로써 요소의 수만큼 처리를 반복할 수 있다(for, range ➡ p.109).

그리고 text에는 사전형 변수 topping에서 키 값(0,1…)에 따른 값(김, 계란…)을 지정했다. 여기서 pack의 새로운 설정 항목인 anchor를 사용했다. anchor는 pack하는 요소를 베이스(base) 창(window)의 어느 쪽에 배치할지를 설정한다. 여기서 쓰인 tk.W는 요소를 왼쪽으로 배치하는 설정으로 West(서쪽)의 약자다. for문 안에서는 변수 check_value에 tk.BooleanVar 클래스를 인스턴스화하여 대입했다. 이 클래스는 True나 False 중 하나만 가지고 그 값에 대한 set 메소드와 get 메소드를 가진다. 그리고 for문을 통해 체크박스를 만들고 배치한 후 buy 함수를 정의했다.

```
>>>def buy():
```

이는 버튼을 누를 때 실행되는 함수다. buy 함수에서는 체크 박스를 모두 확인하여 체크되어 있는 것을 print 함수로 출력한다. 반찬마다 체크 여부가 변수 check_value에 들어가며, 화면을 조작할 때마다 tkinter에 의해 업데이트된다.

그 값을 get 메소드로 취득하고 True와 비교하여 확인한다. 체크 선택을 바꿔 가며 [주문] 버튼을 눌러 콘솔에 표시되는 내용을 확인해 보도록 한다.

◆ 라디오 버튼

라디오 버튼은 체크 박스처럼 선택에 사용하는 버튼이다. 체크 박스와 다른 점은 사용자가 오직 한 개만 선택할 수 있다는 점이다. 두 개 이상 선택할 수 없다. 이 라디오 버튼은 다음과 같이 만든다.

```
>>> import tkinter as tk ↵
>>> base = tk.Tk() ↵
>>> radio_value = tk.IntVar() ↵
>>> radio_value.set(1) ↵
>>> lunch = {0:'A런치',1:'B런치',2:'C런치'} ↵
>>> tk.Radiobutton(base, text = lunch[0], variable = radio_value, value = 0)
    .pack() ↵
>>> tk.Radiobutton(base, text = lunch[1], variable = radio_value, value = 1)
    .pack() ↵
>>> tk.Radiobutton(base, text = lunch[2], variable = radio_value, value = 2)
    .pack() ↵
>>> def buy(): ↵
... [tab] value = radio_value.get() ↵
... [tab] print(lunch[value]) ↵
... ↵
>>> tk.Button(base, text='주문', command=buy).pack() ↵
```

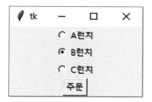

그림 **라디오 버튼**

해설

라디오 버튼을 만들려면 tk.Radiobutton을 사용한다. 설정 항목에는 text와 variable과 value를 설정한다. 각 text는 라디오 버튼 옆에 표시되는 텍스트를 지정하고, variable에는 라디오 버튼 조작 시 변화되는 데이터를 넣어 두는 변수를 지정한다. 마지막으로, value에는 지정한 라디오 버튼의 일련 번호를 지정한다. 체크 박스와 다른 점은 데이터가 True나 False 가 아니라 공통의 radio_value 변수에 지정된 value 값이 입력된다는 점이다. 변수 radio_value는 tk.Intvar 클래스의 인스턴스를 지정하여 라디오 버튼의 value 값이 갱신되도록 한다. tkinter 화면의 라디오 버튼을 조작해 보면 변수 radio_value는 선택된 요소에 의해서 0, 1, 2 중 하나의 값으로 업데이트된다. 주문 버튼을 누른 시점에서 선택되어 있는 런치의 종류가 표시된다.

◆ 메시지 박스

tkinter에는 메시지 박스(팝업 화면)가 8가지 준비되어 있다. 이번에는 그중 askyesno를 사용하여 화면에 예(Y), 아니오(N)를 선택할 수 있는 팝업 화면을 표시해 보자.

```
>>> import tkinter as tk ↵
>>> import tkinter.messagebox as msg ↵
>>> base = tk.Tk() ↵ ●────────────────── 윈도우가 보임
>>> base.withdraw() ↵ ●──────────────── 윈도우를 숨김
' ' ●──────────────────── 크게 의미 없는 문자가 표시
>>> response = msg.askyesno('Oops!', 'Are you OK?') ↵
```

여기서 'Oops!'라는 제목의 창이 뜬다. 버튼을 누르지 않으면 콘솔에 돌아갈 수 없으니 '예(Y)' 버튼을 누른 후 콘솔에 이어서 다음 코드를 입력한다.

```
>>> if(response==True): ↵
... [tab] print('OK') ↵
>>> else: ↵
... [tab] print('Not OK') ↵
Ok
```

조금 전에 '예(Y)' 버튼을 눌렀으므로 콘솔에는 'OK'라고 출력되었다. '아니오(N)' 버튼을 누르면 어떻게 되는지 시험해 보자. 키보드의 ↑키로 다음 코드를 다시 실행한다.

```
>>> response = msg.askyesno('Oops', 'Are you OK?')
```

이번에는 '아니오(N)' 버튼을 눌러 본다. 'Not OK'라고 출력될 것이다.

그림 YES/NO 메시지 박스

함수 askyesno의 제1인자로 메시지 박스의 제목을 지정했고, 제2인자에는 메시지 박스 안에 표시되는 텍스트를 지정했다.

```
>>> response = msg.askyesno('Ooops!!!', 'Are you OK?')  ↵
```

변수 response에는 화면의 '예(Y)'를 누르면 True가 대입되고, '아니오(N)'를 누르면 False가 대입된다.

대화 상자에는 다음의 8종류의 메소드가 준비되어 있어 표시되는 버튼의 수나 내용이 바뀐다. 이름만 봐도 어떤 내용일지 짐작이 갈 것이다.

표 **대화 상자의 종류**

메소드 이름	역할
askokcancel	OK / 취소
askquestion	예 / 아니오
askretrycancel	재실행 / 취소
askyesno	예 / 아니오
askyesnocancel	예 / 아니오 / 취소
showerror	오류 아이콘과 메시지를 표시 (창을 닫기 위한 OK 버튼만 배치)
showinfo	인포메이션 아이콘과 메시지를 표시 (창을 닫기 위한 OK 버튼만 배치)
showwarning	경고 아이콘과 메시지를 표시 (창을 닫기 위한 OK 버튼만 배치)

◆ 텍스트 입력 창

한 개의 텍스트 입력 창을 만들려면 Entry라는 클래스를 사용한다. 다음 프로그램은 윈도우에 텍스트 입력 창을 배치하고, 입력한 문자열을 표시하는 라벨을 배치한 예제다.

```
>>> import tkinter as tk ↵
>>> base = tk.Tk() ↵
>>> string = tk.StringVar() ↵ •──────────── 문자열을 사용할 수 있도록 준비
>>> entry = tk.Entry(base, textvariable=string).pack() ↵ •──────── 입력 창을 작성
>>> label = tk.Label(base, textvariable=string).pack() ↵ •──────── 라벨을 작성
```

 해 설

이번에는 사용자가 입력하는 문자열을 다루기 위해 StringVar라는 클래스를 인스턴스화했다. StringVar 클래스는 사용자의 입력에 따라 변화하는 문자열을 다루기 위한 클래스다. StringVar의 Var는 '변화하는'이라는 뜻의 variable을 의미한다.

이어서 Entry 클래스와 Label 클래스를 인스턴스화했다. Entry 클래스는 텍스트 입력 창을 위한 클래스다. 이때 두 클래스를 인스턴스화할 때 textvariable이라는 설정 항목에 동일하게 string 변수를 지정했다. 이 string은 세 번째 줄에서 생성한 tk.StringVar 클래스의 인스턴스다. 이렇게 지정하면 입력 창에 입력한 문자열이 그대로 라벨에 반영된다.

그림 tkinter entry 화면

메뉴 표시

GUI 애플리케이션에서 빼놓을 수 없는 것이 바로 메뉴다. tkinter에서 메뉴를 만들려면 Menu 클래스를 사용한다. 다음 예제를 실행해 본다.

```
>>> import tkinter as tk ↵
>>> base = tk.Tk() ↵
>>> def supermode(): ↵
... tab print('super mode!') ↵
... ↵
>>> menubar = tk.Menu(base) ↵
>>> filemenu = tk.Menu(menubar) ↵
>>> filemenu.add_command(label='supermode', command=supermode) ↵
>>> menubar.add_cascade(label='Operation', menu=filemenu) ↵
>>> base.config(menu=menubar) ↵ ●——————————————————— 메뉴바 작성
```

해설

각각의 설정 항목 의미를 알기 어려우므로 화면에서 확인하자. 이 메뉴 화면은 윈도우에서는
작성한 창의 위쪽에 표시되고, 맥에서는 바탕화면의 위쪽에 표시된다.

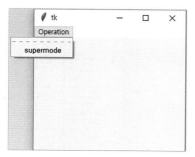

그림 [tk menu]

6번째 줄에서 변수 menubar를 정의하고 있다. tkinter의 Menu 클래스를 인스턴스화하면서
부모 인스턴스로 base를 지정했다.

```
>>> menubar = tk.Menu(base) ↵
```

이 menubar 위에 메뉴 항목을 배치할 것이다. 지금까지 버튼이나 라벨을 base 위에 배치했는
데, 비슷한 개념으로 볼 수 있다. 바로 다음 줄에서 menubar를 인자로 사용하여 Menu 클래스

를 인스턴스화하였다. menubar 안에 filemenu를 배치한 것이다.

```
>>> filemenu = tk.Menu(menubar)
```

filemenu도 menubar도 Menu 클래스를 인스턴스화한 Menu 객체다. Menu 객체는 다양한 메소드를 가지고 있지만, 그중 하나인 add_command 메소드를 사용하면 메뉴를 클릭했을 때 표시되는 항목을 추가할 수 있다.

```
>>> filemenu.add_command(label='supermode', command=supermode)
```

인자로 지정한 label은 표시되는 텍스트를 의미하고, command는 이 메뉴를 눌렀을 때 실행하는 함수를 의미한다. 여기서 라벨은 'supermode'로 지정했고, 클릭했을 때는 supermode 함수가 호출되도록 지정했다.

이것으로 메뉴 설정이 끝났다. 다음으로, 메뉴를 배치하자. 이번에는 menubar가 가진 add_cascade 메소드를 사용하여 filemenu를 menubar에 연결했다.

```
>>> menubar.add_cascade(label='Operation', menu=filemenu)
```

마지막으로, base 화면의 menu로 menubar를 설정했다.

```
>>> base.config(menu=menubar)
```

메뉴 화면의 기본적인 동작을 확인했지만, 추가적인 기능을 설명하기 위해 예제를 한 가지 더 준비했다. 다음 예제에서 설명하고 싶은 것은 다음 네 가지다.

- ▶ **파일을 열기 위한 다이얼로그를 표시하는 방법**
- ▶ **메뉴 안에 괘선을 표시하는 방법**
- ▶ **복수의 메뉴를 표시하는 방법**
- ▶ **기동한 앱을 메뉴로 종료시키는 방법**

```
>>> import tkinter as tk ↵
>>> import tkinter.filedialog as fd ↵
>>> base = tk.Tk() ↵
>>> def open(): ↵
... tab filename = fd.askopenfilename() ↵
... tab print('open file => ' + filename) ↵
... ↵
>>> def exit(): ↵
... tab base.destroy() ↵
... ↵
 >>> def find(): ↵
... tab print('find!') ↵
... ↵
>>> menubar = tk.Menu(base) ↵
>>> filemenu = tk.Menu(menubar) ↵
>>> menubar.add_cascade(label='File', menu=filemenu) ↵
>>> filemenu.add_command(label='open', command=open) ↵
>>> filemenu.add_separator() ↵
>>> filemenu.add_command(label='exit', command=exit) ↵
>>> editmenu = tk.Menu(menubar) ↵
>>> menubar.add_cascade(label='Edit', menu=editmenu) ↵
>>> editmenu.add_command(label='find', command=find) ↵
>>> base.config(menu=menubar) ↵
```

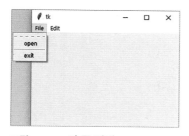

그림   menu의 두 번째

언제나처럼 tkinter를 import하고, tkinter.filedialog 모듈을 import했다. 짧은 fd라는 이름을 붙여 사용하기 쉽게 했다.

```
>>> import tkinter.filedialog as fd ↵
```

메뉴를 만드는 방법은 이전 예제와 동일하다. 네 번째 줄에서 정의하는 open 함수 안에서는 askopenfilename 메소드를 사용했다.

```
>>> def open(): ↵
... tab filename=fd.askopenfilename() ↵
... tab print('open file=>'+filename) ↵
... ↵
```

이 메소드를 호출하면 파일을 선택하는 대화 상자가 표시되고, 그 대화 상자에서 선택한 파일 이름을 가져온다. 여기서는 취득한 파일 이름을 print 함수로 출력했다. add_separator 메소드를 통해 메뉴의 항목에 괘선을 넣을 수 있다.

```
>>> filemenu.add_separator() ↵
```

항목이 많은 경우에 사용하면 메뉴를 보다 보기 좋게 만들 수 있다.

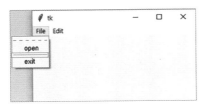

그림 괘선을 배치

밑에서 다섯 번째 줄에서 메뉴에 exit 항목을 추가했다. 조금 전의 open과 마찬가지로 라벨로서 'exit'라는 문자열을 주었고, 클릭하면 exit 함수가 호출되도록 지정했다.

```
>>> filemenu.add_command(label='exit', command=exit) ↵
```

조금 위에 올라가서 exit 함수를 정의한 8번째 줄을 확인해 보자. base 화면의 destroy 메소드를 실행하고 있다.

```
>>> def exit(): ↵
tab base.destroy() ↵
... ↵
```

이 destroy 메소드를 실행함으로써 base 화면을 종료할 수 있다. destroy는 '파괴'라는 뜻의 영어 단어다. 조금 과한 표현이지만 쉽게 외울 수 있다. 20번째 줄에서는 editmenu를 정의하고 있다. 내용은 filemenu를 정의할 때와 같다.

```
>>> menubar.add_cascade(label='Edit', menu=editmenu) ↵
```

tkinter의 요소 6가지를 소개했다. 이들을 조합하거나 일부를 커스터마이징함으로써 간단히 메뉴 항목을 늘리거나 바꿀 수 있다.

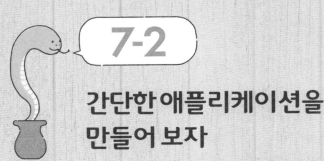

7-2

간단한 애플리케이션을 만들어 보자

지금까지 tkinter의 여러 GUI 요소를 소개했다. 마지막으로, tkinter와 외부 라이브러리를 사용하여 하나의 완성도 있는 애플리케이션을 만들어 보자. 우리가 만들어 볼 애플리케이션은 텍스트를 QR 코드[23]로 변환하여 이미지로 저장하는 애플리케이션이다. 어려울 것 같아 보여도 외부 라이브러리의 힘을 빌려 쉽게 만들 수 있다.

▼ **실습 목표**

 qrcode 패키지

우선, 핵심이라고 할 수 있는 QR 코드 이미지를 생성하는 외부 라이브러리를 소개하겠다. 바로 qrcode다.

▶ **qrcode**

URL https://pypi.python.org/pypi/qrcode

PyPI에 등록되어 있으므로 pip 명령으로 설치할 수 있다. 맥에서는 pip3을 사용한다. 또한, QR 코드 이미지를 생성하기 위해서 내부적으로 Pillow(➡ p.208)를 사용하므로 아직 설치하지

---

[23] QR 코드는 (주)덴소웨이브의 등록 상표다.

않았다면 설치하도록 한다.

```
pip install qrcode
```

다음과 같은 메시지가 나오면 성공적으로 설치된 것이다.

```
Successfully installed qrcode-5.1 six-1.10.0
```

간단한 사용법을 알 수 있는 예제는 다음과 같다. 구글 URL을 QR 코드로 변환하고 화면에
표시하는 프로그램이다.

```
>>> import qrcode
>>> encode_text = 'http://google.com'
>>> img = qrcode.make(encode_text)
>>> type(img)
<class 'qrcode.image.pil.PilImage'>
>>> img.show()
```

그림 QR 코드가 작성되었다

해 설

qrcode의 make 메소드에 문자열을 전달하면 문자열에 해당하는 QR 코드가 생성된다.

```
>>> img=qrcode.make(encode_text)
```

type 함수에 변수 img를 넘겨 데이터의 형(type)을 확인해 보면 Pillow의 데이터를 쓰는 것으로 나타난다.

```
>>> type(img)
<class'qrcode.image.pil.PilImage'>
```

img 변수에 대해서는 Pillow를 소개할 때 설명한 메소드를 사용할 수 있다. 여기서처럼 이미지를 표시하거나 save 메소드를 사용하여 저장할 수 있다(➡ p.213).

 ## QR 생성 프로그램

여기서는 tkinter를 활용한 애플리케이션을 만들어 볼 것이다. 먼저, 완성된 애플리케이션의 모습을 확인해 보자.

그림 **입력 화면**

첫 화면은 단순하게 한 개의 입력 창과 한 개의 버튼이 있다. 이 입력 창에 QR 코드로 만들고 싶은 텍스트를 입력하고 버튼을 누르면 화면에 QR 코드가 표시된다.

그림   QR 코드 생성 앱

또한, 생성한 이미지를 보존하기 위한 메뉴도 있다.

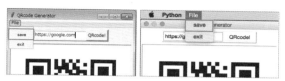

그림   메뉴 화면

메뉴에서 'save'를 선택하면 파일 저장을 위한 대화 상자가 표시된다. 어떤 프로그램을 만들지 윤곽이 잡혔을 것이라 생각한다. 우리가 함께 공부하는 마지막 프로그램의 코드는 다음과 같다.

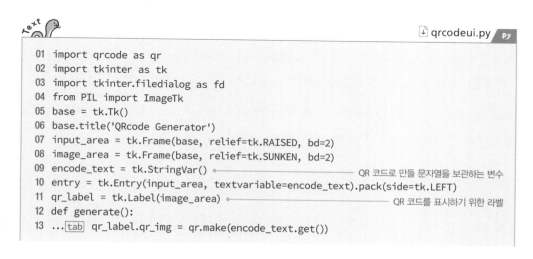

📥 qrcodeui.py `py`

```python
01  import qrcode as qr
02  import tkinter as tk
03  import tkinter.filedialog as fd
04  from PIL import ImageTk
05  base = tk.Tk()
06  base.title('QRcode Generator')
07  input_area = tk.Frame(base, relief=tk.RAISED, bd=2)
08  image_area = tk.Frame(base, relief=tk.SUNKEN, bd=2)
09  encode_text = tk.StringVar()                               QR 코드로 만들 문자열을 보관하는 변수
10  entry = tk.Entry(input_area, textvariable=encode_text).pack(side=tk.LEFT)
11  qr_label = tk.Label(image_area)                            QR 코드를 표시하기 위한 라벨
12  def generate():
13  ...[tab] qr_label.qr_img = qr.make(encode_text.get())
```

```
14 ...[tab] img_width, img_height = qr_label.qr_img.size
15 ...[tab] qr_label.tk_img = ImageTk.PhotoImage(qr_label.qr_img)
16 ...[tab] qr_label.config(image=qr_label.tk_img,width=img_width,height=img_height)
17 ...[tab] qr_label.pack()
18 ...
19 encode_button = tk.Button(input_area, text='QRcode!',command=generate).
              pack(side=tk.LEFT) ●━━━━━━━━━━━━━━━━━━━━━━━━━ 버튼 생성
20 input_area.pack(pady=5)
21 image_area.pack(padx=3, pady=1)                             ━━ 프레임 그리기
22 def save():
23 [tab] filename = fd.asksaveasfilename
          (title='다른 이름으로 저장', initialfile='qrcode.png')    ━━ 저장 메뉴
24 [tab] if filename and hasattr(qr_label, 'qr_img'):
25 [tab] [tab] qr_label.qr_img.save(filename)
26 ...
27 def exit():                                                  ━━ 종료 메뉴
28 [tab] base.destroy()
29 ...
30 menubar = tk.Menu(base)
31 filemenu = tk.Menu(menubar)
32 menubar.add_cascade(label='File', menu=filemenu)
33 filemenu.add_command(label='save', command=save)           ━━ 메뉴 화면 작성
34 filemenu.add_separator()
35 filemenu.add_command(label='exit', command=exit)
36 base.config(menu=menubar)
37 base.mainloop()
```

 해 설

지금까지 공부한 프로그램 중 가장 긴 프로그램이다. 하지만 기본적으로 지금까지 배운 내용
의 조합이니 한 줄씩 천천히 읽으면 이해할 수 있을 것이다.

처음 네 줄에서 이 프로그램에서 사용할 라이브러리를 import하고 있다. 각각 명칭이 길어서
두 문자로 사용할 수 있게 했다(ImageTk만 제외).

```
01 import qrcode as qr
02 import tkinter as tk
03 import tkinter.filedialog as fd
04 from PIL import ImageTk
```

네 번째 줄에서는 외부 라이브러리 Pillow에서 ImageTk라는 모듈을 읽고 있다. ImageTk는 이미지를 tkinter에서 다루는 형식으로 변환하기 위해 사용한다.

이어 기본 화면 base를 만든다. 6번째 줄에서 base의 title을 설정했다. 그러면 창 윗부분에 앱의 이름 'QRcode Generator'가 표시된다.

```
06 base.title('QRcode Generator')
```

7, 8번째 줄에서는 Frame이라는 클래스를 인스턴스화하여 프레임이라는 요소 두 개를 만들었다.

```
07 input_area = tk.Frame(base, relief=tk.RAISED, bd=2)
08 image_area = tk.Frame(base, relief=tk.SUNKEN, bd=2)
```

Frame은 다른 요소들을 담는 용도로 사용되는 기본 창 base와 비슷한 역할을 한다. 즉, 다른 요소들을 묶어서 화면에 배치하는 용도로 사용한다. input_area는 문자열 입력 창과 버튼을 배치하기 위한 프레임이고, image_area는 QR 코드의 이미지를 출력하기 위한 프레임으로 정의했다. 옵션 relief는 프레임의 디자인이다.[24]

또 다른 설정 항목인 bd는 boderwidth의 약자로서 프레임의 테두리 폭을 지정하는 항목이다. 9번째 줄에서는 입력 문자열을 담기 위한 StringVar 클래스를 encode_text로 인스턴스화했고, 다음 줄에서는 그 encode_text를 사용하여 텍스트 박스인 Entry 클래스를 인스턴스화했다.

```
09 encode_text=tk.StringVar() ●————————————————— QR 코드로 만들 문자열을 보관할 변수
10 entry = tk.Entry(input_area, textvariable=encode_text).pack(side=tk.LEFT)
```

텍스트 상자를 둘 곳을 input_area로 지정했고, 텍스트 내용은 encode_text 변수에 저장되도록 하였다. 그리고 pack 메소드를 호출할 때 side=tk.LEFT라는 인자를 줘서 왼쪽부터

---

[24] 여기서는 tk.RAISED와 tk.SUNKEN을 사용하였으나, 그 외에도 tk.GROOVE와 tk.RIDGE를 지정할 수 있다. relief는 테두리의 디자인을 지정하는 옵션이어서 bd를 동시에 지정하고 틀의 폭을 갖게 하지 않으면 프레임의 외형이 변화하지 않는 점에 조심하도록 한다.

배치하도록 지정했다. 이렇게 문자를 입력하는 텍스트 박스를 만들었다.

11번째 줄은 이 앱에서 생성한 QR 코드를 표시하기 위한 라벨인데, 여기서는 image_area라는 프레임에 배치만 했다.

```
11 qr_label = tk.Label(image_area)
```

바로 pack 메소드를 사용하여 배치하지 않은 이유는 코드를 실행한 시점에서는 표시할 이미지가 없기 때문이다.

12번째 줄부터는 generate 함수를 정의하고 있다. 이것은 QR 코드를 생성하는 버튼을 누르면 실행되는 함수다.

```
12 def generate():
13 ... tab qr_label.qr_img=qr.make(encode_text.get())
14 ... tab img_width, img_height=qr_label.qr_img.size
```

13번째 줄에서 QR 코드로 만들 문자열을 get 함수로 취득하여 qrcode 패키지의 make 함수로 QR 코드 이미지를 생성하고, qr_label의 qr_img에 대입했다. 14번째 줄은 그 qr_img, 즉 QR 코드 이미지의 높이와 폭의 크기를 취득하고 있다. qr_img.size가 반환하는 것은 높이와 폭의 크기가 저장된 튜플형 데이터다. 이처럼 = 변의 왼쪽에 변수를 쉼표(,)로 구분하여 두 개 놓으면 튜플의 각 데이터가 대입된다.

▶ 예

```
animal1, animal2=('cat', 'dog')  ———————————— animal1에 cat, animal2에 dog
```

15번째 줄에서는 qrcode 패키지로 만든 이미지를 Pillow의 ImageTk 모듈을 사용하여 tkinter에서 표시할 수 있는 형태로 변환하고 있다.

```
15 ... tab qr_label.tk_img = ImageTk.PhotoImage(qr_label.qr_img.size)
```

16번째 줄에서는 11번째 줄에서 정의한 라벨인 qr_label의 config 메소드를 사용하여 속성을 지정하고 있다.

```
16 ... tab qr_label.config(image=qr_label.tk_img, width=img_width, height=img_height)
```

표시한 이미지를 지정하고 이미지의 크기로 라벨의 크기를 지정하고 있다. 크기를 지정하지 않으면 라벨의 크기보다 큰 이미지일 경우 라벨의 크기까지밖에 표시되지 않고, 반대로 작은 이미지이면 라벨과 이미지 사이에 여백이 생긴다.

이렇게 속성값을 설정한 qr_label을 pack 함수를 사용하여 배치하는 것으로 generate 함수의 정의는 끝난다.

요소의 속성 지정 방법

요소의 속성을 지정하는 방법에는 다음과 같이 세 가지 방법이 있다.

▶ 요소의 속성을 지정하는 세 가지 방법

```
label = tk.Label(bg1='red', bg2='blue')  ───────────────── ❶ 생성 시 지정
label.pack()
label.config(bg1='red',bg2='blue')  ───────────────── ❷ 생성 후 한 번에 지정
label['bg1'] = 'red'
label['bg2'] = 'blue'  ───────────────── ❸ 생성 후 하나씩 지정
```

이 가운데 ❷은 한꺼번에 지정할 수 있어 수정할 때 흔히 사용하는 방법이다.

다음으로, 19번째 줄에서는 버튼을 정의하고 버튼을 누르면 generate 함수가 실행되도록 설정한다.

```
19 encode_button = tk.Button(input_area, text='QRcode!',
        command=generate).pack(side=tk.LEFT)
```

20번째 줄에서는 문자열 입력란과 버튼을 배치한 input_area 프레임을 pack 함수로 배치하고 있다. 21번째 줄에서는 QR 코드 변환 결과를 이미지로 표시하기 위한 라벨을 배치한 image_area 프레임을 pack 함수로 배치하고 있다.

```
20 input_area.pack(pady=5)
21 image_area.pack(padx=3, pady=1)
```

속성 padx, pady는 가로와 세로 패딩을 의미하며, 프레임의 내부 요소와 테두리와의 거리를 말한다. 이로써 QR 코드를 생성하는 코드는 완료되었다. 이번에는 메뉴를 만든다. 메뉴를 통해 이미지를 저장하고 앱을 종료하기 위해 각각 save 함수와 exit 함수를 정의한다.

save 함수는 ❶ 저장하고 싶은 파일의 이름을 받아들이고, ❷ 취득한 파일 이름으로 저장한다. 파일을 저장할 경로를 얻기 위해 프로그램의 서두에서 import한 tkinter.filedialog를 사용한다. 이 모듈의 사용법은 파일을 선택하는 코드에서 알아보았다(➡ p.273). 이번에는 저장하기 위한 파일이므로 asksaveasfilename 함수를 사용한다.

```
23 filename = fd.asksaveasfilename(title='다른 이름으로 저장', initialfile='qrcode.png')
```

asksaveasfilename 함수는 옵션을 지정하지 않고도 사용할 수 있지만, 이번 예제에서는 ❶ 창의 제목, ❷ 디폴트 파일 이름을 지정했다. ❶ 설정 항목 title은 대화 상자 위에 표시되는 텍스트로 '다른 이름으로 저장'이라고 지정했다. ❷ initialfile에 지정한 문자열은 저장할 파일 이름에 기본으로 표시되는 이름이다. 이처럼 지정하면 사용자가 입력하지 않아도 되므로 편리하다. 취득한 파일 이름으로 QR 코드의 이미지를 저장할 때는 if문으로 두 가지 조건을 확인한다.

```
24 tab if filename and hasattr(qr_label,'qr_img'):
25 tab tab qr_label.qr_img.save(filename)
```

두 가지 조건을 and로 이어서 'A와 B가 동시에 참'인지 판정한다. if의 두 가지 조건이 모두 True인 경우에만 qr_img의 save 함수를 사용하여 QR 코드를 이미지로 저장한다. 이 조건은 'filename이 True, qr_label이 qr_img'라는 조건이다. 한 개씩 살펴보자.

첫 번째 조건 filename은 변수 filename에 아무런 문자열이 들어 있지 않을 때 False로 인식한다. 이는 파일 대화 상자를 취소했을 때 변수 filename에 아무런 파일 이름도 지정되지 않아 에러가 발생하는 것을 피하기 위해서다.

두 번째 조건은 hasattr 함수다. hasattr 함수란, 첫 번째 인자에 두 번째 인자로 지정한 attribute가 있는지 여부를 확인하여 있으면 True, 없으면 False를 반환하는 함수다. 여기서는 qr_label에 문자열 qr_img이 존재하는지 확인하고 있다. 왜 확인할까? qr_img는 사용자가 버튼을 눌러 generate 함수가 실행되었을 때 처음으로 생성된다. 즉, 이 조건 분기가 빠지면 아무런 이미지가 없을 때 사용자가 메뉴에서 save를 클릭하면 에러가 발생하게 된다. 이것은 우리가 의도하지 않은 비정상적인 사용이지만, 충분히 그럴 수 있으므로 프로그램에서 방어 코드를 작성했다.

exit 함수는 메뉴에서 exit가 선택되었을 때 모든 요소가 배치된 base 화면을 destroy 함수로 파기하고, 앱을 종료한다. 여기까지 필요한 모든 처리를 기술하였다. 이제 메뉴 화면에 요소를 배치하면 된다. Menu 클래스를 사용하여 메뉴 바를 만들고, save 함수와 exit 함수를 호출할 수 있게 설정한다. 전에 배운 메뉴 화면의 설정 방법과 같다(➡ p.270). 마지막으로, 이 장의 시작에서 설명한 mainloop를 호출하여 사용자의 조작을 받아들일 수 있도록 하면 완성이다. 콘솔에서 qrcodeui.py를 실행하여 동작을 확인하고, 메뉴에서 'exit'를 눌러 종료하도록 한다.

프로그래밍 능력을 향상시키려면

드디어 이 책의 마지막 프로그램까지 공부했다. 어려운 부분도 많았을 것이다. 이 책은 입문용이지만, 여기까지 무사히 공부했다면 앞으로 계속 연습함으로써 실력을 크게 향상시킬 수 있을 것이다. 프로그래밍 실력을 향상하기 위해 필자가 가장 중요하게 생각하는 것은 바로 '그치지 않고 계속 배우는 것'이다. 프로그래밍을 배우다 보면 이해가 되지 않아 좌절을 느끼는 순간을 마주하게 될 것이다. 그럴 때는 이해가 안 가는 부분을 잠시 내려놓고, 조금 더 쉬운 것부터 접근하도록 한다. 아예 프로그래밍에 질려 버리기보다는 잠시 동안 프로그래밍과 거리를 두는 것이 오히려 좋다. 잠시 쉬었다가 나중에 다시 시작해 보는 것이다.

프로그래밍은 독자적인 개념이 많고, 프로그래밍 언어마다 철학도 다 다르다. 이것들을 처음부터 쉽게 이해할 수 있는 사람은 드물다. 또한, 프로그래밍 언어는 나날이 발전하고 있다. 버전이 올라감에 따라 편리하게 되기도 하지만, 그만큼 복잡하게 되기도 한다. 필자도 공부하면서 모르는 것이 많았고, 지금도 배워 나가고 있다. 이렇게 끝이 보이지 않는 프로그래밍이므로 모든 것을 이해하지 못하는 것은 어찌 보면 자연스럽다. 그래도 조금씩 공부해 나가다 보면 이전에 알지 못했던 것을 자연스럽게 이해하게 되고, 훨씬 실력이 향상했다는 것을 느낄 것이다.

우리가 글을 쓸 때 모든 표현과 단어를 알지 못해도 계속 글을 쓰다 보면 조금씩 세련된 문장을 쓸 수 있게 되는 것처럼 프로그래밍도 꾸준히 하다 보면 점점 훌륭한 코드를 만들 수 있게 될 것이다.

부록

부록 1

트러블슈팅 1
에러

개발을 할 때 반드시 발생하는 것이 에러다. 그래도 에러 메시지를 알아 두면 문제를 보다 쉽게 해결할 수 있다. 여기서는 자주 발생하는 에러와 확인해야 되는 요소들을 정리했다.

 ## SyntaxError

가장 기본적인 에러이자 처음에는 원인을 찾기 어려운 에러다. 다음과 같은 상황에서 자주 발생한다.

> **작은따옴표(')나 큰따옴표(")가 닫히지 않았을 때**
> **for, if문 끝에 콜론(:)을 붙이지 않았을 때**

에러 메시지에 표시된 내용을 잘 확인하여 어디가 잘못되었는지 파악하도록 한다.

♦ 문자 코드 에러

문법이 틀리지 않았어도 SyntaxError가 발생할 수 있다. 다음 에러는 print('한글')를 파이썬 파일에 저장하고 실행했을 때 발생하는 에러다.

⬇ nihongo.py `py`

```
print('한글')
```

```
python nihongo.py ↵
   File "nihongo.py", line 1
SyntaxError: Non-ASCII character '\xe4' in file nihongo.py on line 1,
        but no encoding declared; see http://python.org/dev/peps/pep-
        0263/ for details
```

이 에러는 파이썬 2에서 발생한다. 에러 메시지의 내용은 'Ascii 문자 코드가 아닌 문자가 발견되었습니다! 그런데 인코딩이 선언되지 않았습니다'라는 뜻이다. 파이썬 2에서 한글을 다룰 때는 파일의 시작에 어떤 문자 코드로 파일을 실행할지 선언해야 한다. 파일의 시작 부분에 다음과 같이 문자 코드 정의를 적도록 한다.

▶ **문자 코드 지정 1**

```
# -*- coding: utf-8 -*-
```

▶ **문자 코드 지정 2**

```
# coding: utf-8
```

 # IndentationError

IndentationError는 들여쓰기 에러다. 파이썬은 들여쓰기를 언어 차원에서 점검한다. 따라서 들여쓰기가 있어야 할 곳에 없거나 없어야 할 곳에 있으면 에러가 발생한다. class, def, for, if 다음 줄은 반드시 들여써야 한다.

또한, 쉽게 발견하기 어려운 에러가 있다. 공백을 넣지 말아야 할 곳에 들어가 있는 경우다. 다음 예에서도 원인을 쉽게 파악하기 어려운데, 파이썬은 엄밀히 체크하므로 주의해야 한다.

```
>>> for i in range(10): ↵
  File"<stdin>", line 1
    for i in range(10):
    ^
IndentationError:unexpected indent
```

위 예에서는 for의 왼쪽에 공백이 들어가 있어 에러가 발생했다.

 # NameError

존재하지 않는 함수나 정의하지 않은 변수를 사용할 때 NameError가 발생한다. 철자 실수로도 자주 발생한다.

```
>>> printo('correct!') ↵
Traceback(most recent call last):
  File"<stdin>", line 1, in<module>
NameError:name'printo'is not defined
```

또한, 문자열의 작은따옴표나 큰따옴표를 닫지 않아도 이 에러가 발생한다. 프로그램이 문자열로 인식하지 못했기 때문이다.

```
>>> print(string) ↵ ●————————————————— string이라는 데이터가 정의되지 않아 발생한 에러
Traceback(most recent call last):
  File"<stdin>", line 1, in<module>
NameError:name'string'is not defined
>>>
>>> print('string') ↵ ●——————————————————— 문자열임을 프로그램에게 알린다
String
```

 ## ImportError

표준 라이브러리나 외부 라이브러리를 가져올 때 지정한 파일이 발견되지 않는 경우에 발생하는 에러다. 외부 라이브러리의 경우 올바르게 설치되지 않았거나 설치는 되었지만 파이썬에서 사용할 수 있도록 설정이 안 되어 있을 수 있다.

```
>>> import(라이브러리 이름) ↵
ImportError:No module named(라이브러리 이름)
```

 ## AttributeError

작업 중인 폴더에 import하고 싶은 모듈과 같은 이름의 파일이나 폴더가 있으면 import하려 했던 모듈이 아닌 해당 파일과 폴더가 읽히게 된다. 파이썬에서 import문을 만나면 먼저 현재 위치의 폴더에서 찾기 때문이다. 읽어들이자마자 에러가 출력되면 무언가 잘못되었다는 것을 금방 알게 되지만, 읽자마자 바로 에러가 발생하지 않을 수도 있다. requests 모듈을 예로 들어 보겠다.

1 Desktop 폴더에 내용이 없는 requests.py라는 파일을 만든다.

2 인터랙티브 셀로 다음과 같이 실행하면 AttributeError 에러가 발생한다.

```
>>> import requests ↵
>>> google_html=requests.get('http://google.com') ↵
Traceback(most recent call last):
  File"<stdin>", line 1, in<module>
AttributeError:module'requests'has no attribute'get'
```

첫 번째 줄에서 requests를 import할 때는 아무런 에러가 표시되지 않지만, 이어 get 메소드를 실행하자 에러가 표시되었다. 에러 내용은 'requests 모듈은 get이라는 메소드를 갖고 있지 않다'라는 내용이다. 그 이유는 방금 만든 requests.py를 읽어 들였기 때문이다. 이 파일에는 get 메소드는커녕 어떤 메소드도 데이터도 없다.

이 사실을 모르면 에러의 원인을 파악하기 어렵다. 특히, 모듈의 이름은 간단한 것이 많으므로 파일 이름을 붙일 때는 모듈 이름과 겹치지 않도록 주의해야 한다. 특히, 파이썬에는 test라는 표준 라이브러리도 존재하므로 test.py라는 파일을 만드는 것도 주의해야 한다.

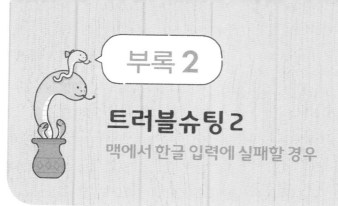

부록 2

트러블슈팅 2
맥에서 한글 입력에 실패할 경우

맥의 경우 tkinter의 텍스트 입력 창에 한글이 잘 입력되지 않는 문제가 발생할 수 있다. 파이썬의 에디터인 IDLE을 시작할 때 다음과 같은 경고(Warning)가 표시되는지 확인해 보도록 한다.

```
●●●                         *Python 3.5.2 Shell*
Python 3.5.2 (v3.5.2:4def2a2901a5, Jun 26 2016, 10:47:25)
[GCC 4.2.1 (Apple Inc. build 5666) (dot 3)] on darwin
Type "copyright", "credits" or "license()" for more information.
>>> WARNING: The version of Tcl/Tk (8.5.9) in use may be unstable.
Visit http://www.python.org/download/mac/tcltk/ for current information.
|

                                                          Ln: 6  Col: 0
```

그림 **IDLE 화면**

```
>>> WARNING:The version of Tcl/Tk(8.5.9)in use may be unstable.
Visit http://www.python.org/download/mac/tcltk/for current
information.
```

이 경고는 설치되어 있는 Tcl/Tk(8.5.9) 버전이 오래되었으니 새로운 버전을 설치해 달라는 내용이다. Tcl/Tk란, tkinter 패키지의 핵심이 되는 소프트웨어다. IDLE도 tkinter로 만들었고, 오래된 버전에는 한글 입력이 되지 않는다.

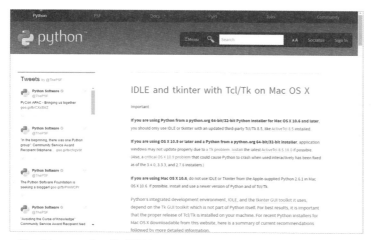

그림 tkinter update에 대해서

▶ ActiveState

URL http://www.activestate.com/activetcl/downloads

위 URL에서 맥용 8.5 버전을 설치하도록 한다. 8.6이나 그 이후 버전이 아닌 8.5를 설치해야
함에 주의한다.

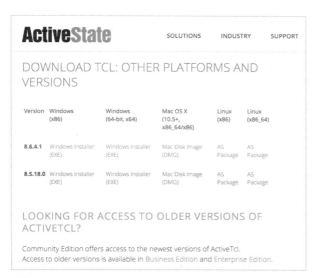

그림 Active State

이 책의 집필 시점에서는 8.5.18이 8.5 버전에서 최신이다. 다운로드된 dmg 파일을 실행하면
다음과 같은 화면이 열린다.

그림 **tkinter dmg을 실행한 곳**

위 박스 이미지로 된 아이콘을 더블 클릭하여 설치를 진행한다. 이때 확인되지 않은 개발자가
배포했다는 경고가 표시될 수 있다.

그림 **미확인 개발자 경고**

이때는 맥의 '시스템 환경 설정 → 보안 및 개인 정보 보호'에서 차단을 해제하면 설치할 수 있다.

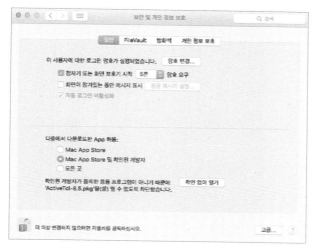

그림 차단 해제

설치 마법사가 열리면 안내에 따라 설치를 진행한다.

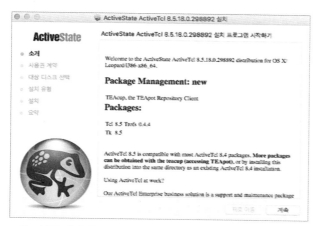

그림 설치 마법사

무사히 설치가 완료되면 다시 IDLE을 기동하여 Warning이 나오지 않는 것을 확인한다.

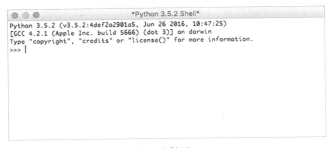

그림 Warning이 표시되지 않는지 확인

찾아보기